# 臺灣歷史與文化研究輯刊

十 四 編

第 14 冊

世界・民俗・帝國
——《臺灣婦人界》小說研究

王琬葶 著

花木蘭文化事業有限公司

國家圖書館出版品預行編目資料

世界・民俗・帝國──《臺灣婦人界》小說研究／王琬葶 著 ─
初版 ─ 新北市：花木蘭文化事業有限公司，2018〔民 107〕
目 2+152 面；19×26 公分
（臺灣歷史與文化研究輯刊十四編；第 14 冊）
ISBN 978-986-485-597-1（精裝）
1. 臺灣小說 2. 文學評論 3. 日據時期
733.08 107012704

ISBN-978-986-485-597-1

臺灣歷史與文化研究輯刊
十四編　第十四冊　　　　　　　ISBN：978-986-485-597-1

# 世界・民俗・帝國──《臺灣婦人界》小說研究

作　　者　王琬葶
總 編 輯　杜潔祥
副總編輯　楊嘉樂
編　　輯　許郁翎、王筑　美術編輯　陳逸婷
出　　版　花木蘭文化事業有限公司
發 行 人　高小娟
聯絡地址　235 新北市中和區中安街七二號十三樓
　　　　　電話：02-2923-1455／傳真：02-2923-1452
網　　址　http://www.huamulan.tw 信箱 hml810518@gmail.com
印　　刷　普羅文化出版廣告事業
初　　版　2018 年 9 月
全書字數　141391 字
定　　價　十四編 16 冊（精裝）台幣 38,000 元

# 世界‧民俗‧帝國
## ——《臺灣婦人界》小說研究

王琬葶 著

作者簡介

王琬葶，美國加州大學柏克萊分校博士生。獲美國國務院傅爾布萊特計畫（Fulbright Program）獎助。譯作有哈若圖寧（Harry Harootunian）〈區域研究之後，「關於低度發展的記憶」〉（"Memories of Underdevelopment" after Area Studies）研究領域爲現代華語文學與影像、殖民地台灣與日本近代文學與影像比較研究。

提　　要

　　《臺灣婦人界》（1934 ～ 1939）爲日治時期最具規模的女性雜誌，也是 1930 年代刊載最大量通俗小說的刊物。本論文以殖民現代性與女性經驗的交織爲主軸，提出《臺灣婦人界》小說的後殖民閱讀。日治時期台灣女性最初的現代體驗，奠基於殖民現代性所帶來的教育機會與物質文明，一方面秉持啓蒙開化的信念給予女性前所未有的自由與選擇，另一方面則訴諸文明優劣程度築起一道文化同化的門檻。「世界」指新女性走出家屋展望世界的文本效應。女性透過教養、知識提升成爲公領域典範的可能，以及不同族裔、背景的女性基於文明信念而想像出的共同體，是《臺灣婦人界》一再宣揚的普遍價值。「民俗」是與上述普遍性對照之下的差異性，信仰漢人宗教的女性成爲奇觀的拼貼素材，也化身被排除的迷信舊慣。這些文化差異性復又受到「帝國」殖民同化計畫的整編與改造，其透過女性之於家庭與社會的角色，以日本現代文明與大和民族的優越位階，對不同出身、階級與族裔的差異主體實行精神統馭。

　　筆者從《臺灣婦人界》觀察到上述三個大方向，並參照史碧娃克（Gayatri Chakravorty Spivak）、霍米巴巴（Homi Bhabha）的後殖民觀點，進一步解析殖民現代性排除與整編的策略如何在小說中一一受到挑戰。被體制重重壓迫的底層女性身影解構了以自由主義理念爲根基、中產階級身份爲前提的文明女性想像。被現代理性準繩貶抑的民俗迷信拯救了台灣女性的主體分裂危機，證明原生文化始終是殖民現代性無法割除斬斷的一部份。混血的女性身體隱喻著台灣多層歷史與地緣脈絡的軌跡，那難以馴化的混雜性揭發了殖民改造計畫的破綻。本論文探討的包括黃寶桃、西川滿等已受學界所知的作家，以及陳華培、別所夏子等未曾受到討論的台日創作者，期能爲這份議題性與份量兼具、卻幾乎未受到注意的史料梳理一個輪廓，揭示《臺灣婦人界》之於日治時期文學研究、女性史研究以及後殖民研究的價值。

# 目次

# 第一章　序　論

## 第一節　研究動機與問題意識

　　「殖民現代性」（colonial modernity）是探討日治時期文學的一項核心論題，其經常或隱或顯地於文本中傳達出前進與落後、文明與野蠻、包納與排除、以及這種種對立間衝突對話的張力。然而，殖民現代性情境下的敘述主體，往往被預設爲男性身份。在現有研究所繪製的三塊文學版圖：本島新知識份子與留日菁英、漢文人及其第二代，在台及旅台日人當中，女性的位置始終是點綴性的存在。這不禁使筆者內心浮現了問號：如何以女性的角度來看待日治時期的殖民現代性？圍繞女性經驗的殖民現代性爲何種內容？在小說中，殖民現代性如何打造、收編或排除特定女性身體？這些身處主流、邊緣或交界線的女性又如何參與建構或解構了殖民論述？1934 年在台灣創刊的女性雜誌《臺灣婦人界》，標榜以女性讀者爲取向，致力於打造女性在公私領域的現代生活，更以其深入家庭空間的通俗性質，募集了大量的小說作品。這部幾乎受到漠視的文學史料，可爲上述問題提供一個解答的契機。

　　綜觀日治時期台灣可供發表的文學園地和創作的美學準則，多爲男性主導。《臺灣婦人界》所發行的 1930 年代，在文學史上是文藝者結盟、新文學百家爭鳴的時代。1930 年《伍人報》、《洪水》、《赤道》等刊物開啓了普羅文學運動的序幕。《南音》於 1931 年在台灣話文論爭中誕生，緊接著以留學生爲主體、用流利日文創作的《福爾摩沙》於東京發刊。隨著 1933 年廣納島內新知識份子的「台灣文藝聯盟」成立，包容各路線的《先發部隊》、《第一

線》以及 1934 年的《台灣文藝》等次第發行，又因文藝、政治理念之分裂促成 1935 年《台灣新文學》的出現。1935 年也是漢文文藝雜誌《風月報》創刊的一年。該刊延續 1930 至 1935 年的《三六九小報》，以傳統漢文人及其二代爲主體，爲日治時期白話通俗文藝之代表。在台日本人創作則以西川滿爲首，於 1934 年先後發行《媽祖》與《愛書》，並於 1939 年創辦《華麗島》。該誌浪漫、抒情且結合民俗爲基調的美學，一直延續到 1940 年代〔註1〕。如果雜誌是研究日治時期文學社群與文藝議題的重要切入點，而研究者透過這些雜誌得以勾勒出從左翼青年、東京台灣留學生、島內新知識份子、傳統漢文人子弟到在台日本人的文藝風景，1930 年代最重要的女性雜誌《臺灣婦人界》與其中大量發表的小說作品，應是這幅風景當中一塊重要的拼圖。

　　《臺灣婦人界》是一份全日文的雜誌，自 1934 年起發行至 1939 年，共 6 卷 57 期皆已出土，保存完善〔註2〕。該誌是日治時期對女性議題最關注且集中的媒體，也是觀察殖民地女性文化生活的重要史料。研究該誌的文學作品，更能進一步研究女性形象建構與時代脈絡的交錯關係。《臺灣婦人界》的發行，與日本轉型現代化並推行至殖民地以來，女性教育制度的建立、女性社會地位的提升、女性知識份子的出現乃至女性雜誌的流行一脈相承。隨著明治以來女性教育成爲現代化日本立國基礎的一環，各地女學校接連設立。女學生受現代化家事、家庭科學與教養教育的培訓，少數能進入大學或專門學校深造。1920 年代，新式家庭主婦一手管控家計簿、一手操作現代家電，又對兒女教育煞費苦心。職業婦女當中不論是公司事務員、工廠女工、咖啡店女侍或花街娼妓，許多女性走出家庭，於都會或光鮮亮麗或藏汙納垢的角落中求生存。當女性之於社會的重要性漸漸提升，以女性爲對象的雜誌也接連創立。從明治時代以啓蒙爲目的，到大正時代以公共性、實用性乃至趣味性爲訴求，隨著指標性的女性雜誌《青鞜》、《婦人公論》、《主婦之友》的發刊，從知識性到商業性的各類女性雜誌蓬勃發展，回應女性在社會角色

---

〔註1〕 見陳芳明，《台灣新文學史》（台北：聯經，2011 年）；許俊雅，〈日治時期台灣小說的生成與發展〉，「百年小說研討會會」會議論文（台北：文建會，2011 年 5 月 21 日），頁 9～39；許俊雅編，「思潮與對話——日治時期台灣文學雜誌概況」專題，《文訊》第 304 期（2011 年 2 月），頁 41～95。

〔註2〕 《臺灣婦人界》保存於新北市永和區國立台灣圖書館。可見「日治時期期刊全文影像系統」：http://stfj.ntl.edu.tw/cgi-bin/gs32/gsweb.cgi/login?o=dwebmge。部分小說文本經中島利郎整理，收錄於《台湾通俗文学集一》、《台湾通俗文学集二》（東京：綠蔭書房，2002），共二冊。

上的種種變遷〔註3〕。在殖民地台灣，仿照日本內地模式、以家庭科學與文化教養為中心、與漢文私塾教育大異其趣的女子教育體制，自1920年代以降逐漸完備，催生了殖民地的新女性一代。新女性對自由交際、知識提升與自我實現的渴望，引起了殖民地社會眾多的討論〔註4〕。《臺灣婦人界》便以逐漸擴大的知識階級女性為主要客層，一方面提供女性參與社會追求新知的資源，倡導現代賢妻良母的理想範型；另一方面也發揮殖民政策動員的功能，強調本島人家庭的改風易俗，欲達成生活的同化與精神的改造。

《臺灣婦人界》選刊的小說特別關注女性的婚戀、家庭與社會生活。小說中的女性形象或乘載作家對現代文明的評判，或化身為族裔與土地的象徵，也是帝國凝視的慾望對象，以及文化、種族、血液優越論的作用場域。介於思想蓬勃的1920年代與高壓控管的1940年代之間，1930年代《臺灣婦人界》小說中的女性身體銘刻著西風東漸以來東亞的歷史圖景以及風起雲湧的意識形態變遷。本書便擬從「世界」、「民俗」與「帝國」三個大方向來觀察殖民現代性對《臺灣婦人界》小說的影響痕跡。「世界」代表了對普遍價值或普遍性（universality）的想像，在《臺灣婦人界》小說中表現為一種具自由主義理念與中產階級身份的現代女性範本，欲隨著日本啟蒙與現代化的腳步，踏出狹窄的家屋走向廣闊的世界。然而這種對文明生活的信仰，實是立基於殖民力量挾帶商業資本與現代知識權威入侵殖民地的社會背景之上。當殖民現代性所帶來的文明、進步被奉為普遍價值而成了衡量的準繩，處於現代社會陰暗面的底層階級與對立面的在地傳統文化，便成了被隔離排斥的差異。書寫台灣「民俗」即必須應對殖民現代性介入的視角，不可避免地涉及了對差異性的展演、對他者的挪用。《臺灣婦人界》小說中的民俗書寫便與以文明教養為指標的現代女性典範相對，描繪臣服在民俗儀式壓倒性力量下的女性形象，突顯其被特殊化的神秘色彩，做出文化落後性的價值判斷。現代化世界浪潮所代表的普遍性，對照並排除在地傳統民俗所象徵的差異性，而這差異性復又被整編進一套大東亞的帝國框架之中，「帝國」指的便是以日本現代文明來統馭異民族的殖民同化計劃。這樣的動員令在《臺灣婦人界》小說中是透過女性之於婚姻與家庭結構的角色來進行滲透，以通婚政策來宣稱一視同仁的同化信念，達成異族身體內具有大和魂的精神改造。

〔註3〕 齋藤美奈子，《モダンガール論》（東京：文藝春秋，2003）。
〔註4〕 洪郁如，《近代台湾女性史》（東京：勁草書房，2001）。

　　本書從《臺灣婦人界》小說觀察出「世界」、「民俗」、「帝國」三項議題的架構，但筆者的目的實是透過文學閱讀來進一步質疑現代化做為普遍價值的正當性、將民俗挪用並差異化的可行性、以及帝國同化計畫的有效性。試想《臺灣婦人界》未受日治時期文學研究者重視的原因，可能來自其不懈的殖民同化意圖及其文學作品的通俗色彩。《臺灣婦人界》由在台日本人主導，具女性大眾讀物的都會色彩以及政策宣導的性質，其選編的小說無法服膺主流文學史以台灣男性菁英為主體的本土立場。該刊以通俗文藝為取向，廣納了不同性別、階級與族裔的作者，書寫對象也涵蓋不同地域與族群，亦難以選定特定身分或主體認同做為論述的立基。然而，《臺灣婦人界》小說富含多元觀點折衝交鋒的張力，將之一概而論為殖民政策的附庸未免又過於扁平。這些小說自無法外於殖民現代性的籠罩，但無論是現代化前進論述對差異性的排除，或是殖民主義對種族文化差異性的整編，都涉及自我／他者界限的再確認，以及對主體性的重新定義。考量到《臺灣婦人界》小說難以被放入現有研究版圖的異質性，後殖民理論中從殖民者／被殖民者的二元對立到主體重層複寫與文化混雜性的走向，或可為《臺灣婦人界》小說開啟一個解讀的途徑，也可重新檢視這份刊物之於日治時期文學研究與性別研究的價值所在。綜上所述，本文將從後殖民觀點切入，考察《臺灣婦人界》小說圍繞著女性經驗的殖民現代性，就「世界」、「民俗」、「帝國」的設題進行探討。

## 第二節　文獻回顧與研究方法

### 一、後殖民理論的發展

　　後殖民研究的方法學包含了相當駁雜的歷史、地緣脈絡，本書藉以輔助論述的包含以下幾位代表性的理論家：弗朗茲・法農（Frantz Fanon）、愛德華・薩依德（Edward Said）、史碧娃克（Gayatri Chakravorty Spivak）與霍米巴巴（Homi Bhabha）。從上述四位學者論點的相互補充、對應與重讀中，可以看到半世紀以來後殖民理論的發展，不斷添加從種族、國族、性別到階級的新視角，從二元對立、抵制霸權到流動跨界、解構體制的轉變軌跡。

　　弗朗茲・法農於 1952 年出版的《黑皮膚，白面具》是後殖民理論的先驅，更引發後世研究者一再重讀、引申並延展出更多的理論面向。《黑皮膚，白面

具》的書名便顯示了殖民者內在與外在的扭曲，而其原因乃是白人殖民者將自身文明先驗地設為普遍性（universality）。當「白人性」成了「人」的標準價值，黑人因「文化的原初性被埋葬而產生自卑情結……隨著學習母國的文化價值，被殖民者將更加遠離他的叢林。當他拒絕他的黑，拒絕他的叢林，他會更加的白」〔註5〕。法農描述其如同白人一般的抽菸姿勢，「是自我和世界一種具決定性的結構化……因為它在我的身體和世界之間建立起實在的辯證」〔註6〕。這文明的白色面具，使黑人與世界有產生連結的可能。然而，不管是以文學歌頌非洲相對於現代文明的純樸感性，或是將黑人標籤為陰莖象徵的生物性威脅，黑人的膚色被等同於文化後進性，這差異的烙印使黑人一再被拒絕於普遍性的大門之外。黑皮膚與白面具，便代表了無法排除的「黑人性野蠻」以及過度補償地追求「白人性才智」兩者的拉鋸。

　　法農質疑白人所預設的白種文明普遍性，但其文中卻為思考的主體預設了黑人男性的普遍性。他抗議白人對黑人差異化的同時，自身卻以男性的位置將女性差異化。張小虹《性帝國主義》一書即指出法農透過精神分析，將白種女人的黑人恐懼症視為自虐的強暴幻想，又將白種男人的黑人恐懼症詮釋成面對原始性本能威脅而感到性無能的自我閹割，乃至將恐黑白人論斷為被壓抑的同性戀，在在透露其性別盲點〔註7〕。此外，探討到黑人亟欲漂白的心理，法農對黑種男人抱持深切同情，卻對黑種女人尖刻嘲諷，且自述：「在接受了我們對白種女人性心理狀態所做的結論之後，大家或許會問我們對有色女人又有什麼看法。對此我們一無所知。」〔註8〕法農書中對白種文化以普遍性排除差異的強烈扣問，或許夾雜了種種盲點與缺失，卻也帶出殖民情境下在種族之外的性別、性傾向、主體不穩定性與文化混雜等等面向，於接下來的後殖民論中皆開展出了新的能量。

　　愛德華·薩依德1978年的《東方主義》（*Orientalism*）開啟並奠基了後殖民理論方法學。「東方主義」涵括了「西方」（書中主要指西歐與北美）定義、掌控、再現、代言「東方」（書中主要指中東、北非等伊斯蘭地區）的一整套知識與霸權體系。從古希臘史家希羅多德、中世紀義大利詩人但丁、

---

〔註5〕Frantz Fanon，陳瑞樺譯，《黑皮膚，白面具》（台北：心靈工坊，2005），頁77。
〔註6〕同上註，頁183。
〔註7〕張小虹，《性帝國主義》（台北：聯合文學，1998）。
〔註8〕Frantz Fanon，陳瑞樺譯，《黑皮膚，白面具》，頁262。

法國作家福樓拜、英國作家吉卜林乃至美國當代通俗文化；從中世紀的基督教文獻、十六世紀大航海時代以來西歐殖民征伐的紀事，隨之設立蒐羅東方知識的研究機構，直至今日西方對東方的政治、軍事、資本、文化干預，無一不複製、繁衍並強化這龐大的東方主義體系。對西方而言，「東方幾乎就是歐洲的一項發明」〔註9〕，是歐洲觀點過濾後的再現，東方就在西方權力滲透與利益交換的過程中被形塑。為了以東方的非理性、墮落、原初與差異來對照西方的理性、美德、文明與正常，東方成為怪誕奇觀的儲藏庫，且被塵封於靜止的、落後的時間中，被拒絕加入現代世界，只能是為西方而展示的存在。東方主義專家自許為東方代言人，以東方主義知識將東方建構「一個非常不同、但卻井然有序的另類世界」〔註10〕，「它的異國情調可以被翻譯，他的意義可以被解碼，敵意可以被馴服；但是，那由歐洲指派給東方的**普遍特性**，那些當人們與其接觸後的除魅感受，還有那些東方表現出的一些令人無法了解的怪僻，都在被談論或被書寫的過程中，被西方全部重新分配整理了」〔註11〕。東方主義化的東方「已不是一個真實地方，而是一個題旨、一組指涉、一堆特色、文本的片段、某人有關東方著作的引文、一些人先前對東方的想像，或是以上各種的大雜燴」〔註12〕。

薩依德的這部巨著橫掃了西方經典文學、歷史檔案與歐美東方研究學術權威。不過，克里弗德（James Clifford）指出，薩依德所揭示的東方主義論述結構過於整體、廣納卻又缺乏變化，批評東方主義的他我劃分時卻又落入了一種與「西方主義」（Occidentalism）的二元對立。如果這麼多書寫者都無法逃脫東方主義這個深具政治內涵的文化檔案庫，克理弗德認為，薩依德對東方主義的質疑，恐怕是所有處理他者的時刻都會受到的質疑──「真實」與「再現」之間的差距。薩依德在《東方主義》中並未提供與東方主義對抗的另類選擇（alternatives）。克里弗德便回應，「西方」影響力已脫離過去東西地理概念的對峙，藉著各種形式散播到全球化時代下的各區域中心。「所有二元對立的概念或許都應受到質疑，無論是西方與其他（第三世界）的分割、開發與未開發、現代與前現代……如果所有本質化的思考模式也都應受到質

---

〔註9〕 Edward Said，蔡源林譯，《東方主義》（台北縣新店市：立緒文化，1999），頁1。
〔註10〕 同上註，頁55～56。
〔註11〕 同上註，頁152，粗體為原文強調。
〔註12〕 同上註，頁255。

疑，我們應該嘗試將文化思考為表現與協商的過程，而非有機的整合或是傳統性的連續」〔註13〕。薩依德在《東方主義》的續作《文化與帝國主義》（*Culture and Imperialism*）中即以小說為中心，從康拉德、珍·奧斯汀論及葉慈，表明文化不應僅以政治觀點來檢閱，「消毒式地從其世間的牽扯中隔離出來」〔註14〕。意即文化有獨立於經濟、社會和政治領域的相對自主性。文化雖運用了東方主義式的科學知識，仍是具有美學上描述、溝通與再現的多樣化場域。

　　另一位後殖民理論家史碧娃克則在歐美女性主義批評之外加入後殖民的視角，也在後殖民論述中加入女性主義的觀點，補充了法農「對有色女人一無所知」的空缺。其〈三個女性文本與帝國主義批判〉（Three Women's Texts and a Critique of Imperialism）一文，重讀了被視為經典女性主義文本的《簡愛》（*Jane Eyre*）〔註15〕，揭發西歐女性立身出世美談的帝國陰暗面。史碧娃克指出，小說中簡愛對自我主體的建構訴諸了個人主義式的力爭上游，體婚姻體制的邊緣進入到正統家庭，得以和莊園主人羅徹斯特結合。然而簡愛在體制中晉升的過程卻必須建立在羅徹斯特前妻，即瘋婦柏莎的殞落之上。生長自西印度群島的柏莎因瘋狂而被羅徹斯特帶回英國囚禁，在小說成為如獸般非人性化的他者，最後火燒莊園墜樓而亡，成就了簡愛這位具女性自覺的個人主義英雄。當女性主體進入主流得到成就需建立在對非主流女性的排除之上，歐美女性主義中姊妹情誼（sisterhood）的虛偽性便昭然若揭。史碧娃克批判女性主義經典古爾伯特與古芭（Gilbert and Gubar）對簡愛的詮釋〔註16〕。她們認為柏莎代替簡愛發洩出被壓抑的憤怒，但此一觀點乃是盲目地接受了帝國主義的預設。簡愛的追愛之旅其實是回應意識形態國家機器的召喚，她

---

〔註13〕 James Clifford, "On Orientalism," in *The Predicament of Culture: Twentieth-Century ethnography, Literature, and Art*（Harvard: Harvard University Press, 1988）, pp. 255～276

〔註14〕 Edward Said，蔡源林譯，《文化與帝國主義》，頁 5。

〔註15〕 稍早版本見 Gayatri Chakravorty Spivak, "Three Women's Texts and a Critique of Imperialism", in Henry Louis Gates, Jred.,*"Race," Writing, and Difference*（Chicago: The University of Chicago Press, 1985）, pp.262～280. 後收錄於 Gayatri Chakravorty Spivak, *A Critique of Postcolonial Reason: Toward a History of the Vanishing Present*（Cambridge: Harvard University Press, 1999）. 中譯見 Gayatri Chakravorty Spivak，張君玫譯，《後殖民理性批判：邁向消逝當下的歷史》（台北：群學，2005），頁 134～227。

〔註16〕 Sandra M. Gilbert and Susan Gubar,. *Madwomen in the Attic: The Woman Writer and the Nineteenth-Century Literary Imagination*（New Haven: Yale University Press, 1979）.

啓程於女性主體對邊緣位置的自覺，排除了來自西印度的他者柏莎，穩定了美其名爲愛而繁衍不息的家庭結構，結尾時其牧師表兄李維斯「被召喚」前往印度，欲奉獻一生「把知識帶入無知的王國」〔註 17〕。整部小說女性自覺萌芽與主體定位的哲學探求當中，明晰地浮現出拓展文明領土的政治企圖。

　　史碧娃克另一篇論文〈從屬階級能否發言？〉（Can the Subaltern Speak?）則以底層女性主體的再現爲例，探討對帝國主義論述對他者的包納，以及知識份子如何守衛或侵犯了他者的主體性〔註 18〕。從德勒茲與傅柯的對談，史碧娃克觀察到兩位法國理論家在理論等同革命的浪漫情懷下，想像出具完整無缺能動性與主體性的從屬階級。然而史碧娃克引述馬克斯之提醒，整齊劃一、同質的階級主體並不存在。知識份子想像出從屬階級同一的主體性，乃是據其理論需要而建立出的虛幻主體。這種從屬階級能夠自己發言的想像，往往是讓知識階級爲其代言，將知識階級享有的體制優勢透明化。這些知識份子強行代言的動作，矛盾地實踐了他們自己以理論大力抨擊的體制壓迫結構。史碧娃克以 1926 年一位參與印度獨立運動的年輕女孩自殺事件沉痛地宣布了「從屬階級不能發言」。當英國自命科學、法律與文明來廢止印度的寡婦殉葬風俗並「拯救」印度女人，印度男性知識份子則訴諸民族主義對失落根源的懷舊情緒來擁護女性的殉身。於是，「介於父權體制和帝國主義之間，以及主體構築和客體形構之間，女人的角色消失了……那是『第三世界女性』這個被置換的形象困在傳統與現代化之間，以及文化主義與發展之間。」不過，稍後史碧娃克修正了「從屬階級不能發言」看法，表示從屬者的行動多少能透過他人在一定距離外的「攔截」達到某種程度的發言，也重申研究者須正視從屬主體的異質性，並在文化主流與從屬階級之間建立溝通的渠道，避免讓底層聲音被知識工廠的產品所取代，或被追尋失落原始根源的情懷所浪漫化〔註 19〕。

---

〔註 17〕 Gayatri Chakravorty Spivak，張君玫譯，《後殖民理性批判：邁向消逝當下的歷史》，頁 148。

〔註 18〕 該文第一版本見 Gayatri Chakravorty Spivak. "Can the Subaltern Speak?," in Cary Nelson and Lawrence Grossbergeds. *Marxism and the Interpretation of Culture*（Urbana: University of Illinois Press, 1988）, pp. 271～313. 第二版本收錄於 Gayatri Chakravorty Spivak, *A Critique of Postcolonial Reason: Toward a History of the Vanishing Present*（Cambridge: Harvard University Press, 1999）. 中譯見 Gayatri Chakravorty Spivak，張君玫譯，《後殖民理性批判：邁向消逝當下的歷史》（台北：群學，2005），頁 232～351。

〔註 19〕 Gayatri Chakravorty Spivak，張君玫譯，《後殖民理性批判：邁向消逝當下的歷

關於主體不可化約的異質性，霍米巴巴《文化的定位》（*The location of culture*）一書指出主體性並非由主體的原初起源來定位，而應關注主體處於文化差異性「中間位置」（in-between）的表述過程。特別是對弱勢者而言，主體的形成是個複雜且持續進行中的協商，它浮現於歷史轉型時刻的文化混雜性，而非來自某種預先設定的族裔或文化特徵〔註20〕。巴巴重讀法農《黑皮膚·白面具》一書，認為法農所談的並不僅止於自由主義、人道主義式的信念，而是從根本上挑戰了西歐啟蒙時代以來對於理性、文化整體性與個人自主意識所假定的穩固主體認同。在殖民情境下，無論是殖民者或是被殖民者，無論是歷史或是個人，統合一致的主體性都是岌岌可危。認同的過程，首先是意識到他者的存在，如同法農所描寫白人與黑人視線交換的過程，那是一個尊貴與卑屈分野的再確認，但在這交遇的時刻，黑人展現出扭轉權力位置的欲望，白人亦透露被篡奪權力的恐懼。無論殖民者或被殖民者的主體穩定性都將受到侵蝕，因主體的組成基礎就內含了暴力與異化。再者，「黑皮膚，白面具」的認同成為一種雙重（doubling）的存在狀態，無法被輕易歸類於殖民者或反抗者的任何一方，而離兩方各有一段惱人的距離。最後，如同法農描述殖民地的黑人必須強調自己跟其他黑人不同才能跟白人相同，主體的認同必須建立在把他者性從自我中分離出來。這如羊皮紙般反覆銘寫的認同過程，總是帶著撕裂的痕跡〔註21〕。

巴巴更指在差異文化的交遇中，無論對抗或合作都是展演性的表述（performatively）〔註22〕，並將之引申為「殖民擬仿」（colonial mimicry）的概念。如果薩依德所說的殖民論述，是一種跨時且全景視野之宰制及其對立面的歷史二元論，巴巴所提出的擬仿就是被殖民者在貌似妥協之中對殖民論述的諷刺以及嘲弄。西歐殖民計劃建立於以啟蒙精神與普世價值同化他者的文明使命（civilizing mission）之上，但殖民者仍必須不斷強調被殖民者的差異才能延續其自戀式的主體性，擬仿便圍繞著這殖民論述自相矛盾的「模稜」（ambivalence）而建構。殖民論述要求被殖民者擬仿殖民者，但其型塑出的

史》，頁350～351。
〔註20〕 Homi Bhabha, *The location of culture*（London and New York: Routledge, 1994），pp. 1～2.
〔註21〕 Ibid, pp. 40～45.
〔註22〕 Ibid, p. 2.

卻是個「幾乎一樣，卻不完全相同」的差異主體（almost the same, but not quiet）。因此，殖民擬仿成了貌似馴化卻也造成威脅的雙重表述。它是殖民者將殖民論述內化於被殖民者的企圖，「一種改造、規範、懲戒的複雜策略，以視覺化的權力『挪用』他者」；但也是被殖民者對殖民者不馴的注視，「一種不可挪用、差異或頑強，附著於殖民力量宰制的策略功能，加強檢查之，對『正常化』的知識與規訓權力提出一種內在威脅」〔註23〕。這個威脅並非來自被殖民者面具之下任何不可動搖的本質，而是來自被殖民者那只能是殖民者「部分再現」的不完全主體，反照出殖民論述宣稱能夠改造他者的不可能性。被殖民主體性的「不完全」，在巴巴筆下被賦予積極的意義，成為一種超越殖民／被殖民的二元對立的「混雜性」（hybridity）。混雜性的概念否定任何純粹的認同，其不斷增生的差異，使殖民論述如同破裂的鏡子般，越是試圖以映照他者來自我確認，越是映照出一個無法被知識與文明論述駕馭挪用的他者形影。被殖民者的混雜性因此成了一種干預權威的武器，以自身的存在去證明殖民者對他者的掌控永遠有著裂隙。殖民論述不再是薩依德筆下那過於整體全面而必須由外部動搖的權威，反而是自相矛盾地從內部自我瓦解了。被殖民者看似相同卻又不完全相同，看似馴化卻又具威脅性的擬仿，一再使殖民者擺盪於自戀與偏執的被害妄想之間〔註24〕。

　　以上對這四家理論的重點爬梳中，可以看到法農以被差異化的黑人男性身體，對西歐文明自居的普遍性提出質疑。史碧娃克則補充女性與階級的觀點，從帝國邊緣與從屬階級女性的殉身，指出進步女性成功美談所依恃的文明／野蠻劃分，以及知識份子將他者馴化並挪為己用的知識暴力。薩依德爬梳東方主義知識體系對東方僵固的形塑與抽離脈絡的拼貼，批判歐洲、美國文化霸權對此毫無意識且源源不絕的再生產。霍米巴巴則以主體永遠處於自我與他者協商過程中的不穩定性，打破二元對立的本質性認同，並指出殖民者無法挪用的差異與被殖民者主體的混雜性，解構了殖民知識霸權的所宣稱的文明改造大計。後殖民理論隨著後結構主義的發展，從劃定界限、追求統合、探究整體性到跨越邊界、重讀分裂、擁抱混雜性的走向，可以幫助讀者重新理解日治時期同時處於帝國邊陲與東亞海域中心的台灣，這不同國族文

〔註23〕Ibid, p.86.
〔註24〕Ibid, pp.85～92, 112～116.

化的接觸地帶所形成的殖民現代性。

## 二、殖民現代性與東亞、台灣

自十七世紀起荷蘭與西班牙各據台灣南北，這座島嶼就已是歐洲人在東亞的貿易站之一。十九世紀中後期清廷被迫與英、法、美、俄等列強簽訂條約，於其轄下的台灣陸續開放淡水、雞籠、安平、打狗四個通商口岸，台灣以砂糖、茶、樟腦等豐厚的農業資源逐漸進入世界貿易的版圖〔註25〕。面對西洋船堅炮利的衝擊，清末地方巡府曾於台灣實驗過零星的現代化設施，但直到 1895 年台灣、澎湖成爲日本的領土，在明治維新後雄心勃勃的日本統治下，殖民政府考量台灣的天然資源與戰略位置，以現代體制建設、經營台灣，台灣在物質與精神生活上始經歷現代化大幅度的洗禮。台灣對現代性的接受過程伴隨著先來後到的殖民政權乃至戰後的文化帝國霸權，在掠奪與壓迫當中浮現出殖民者做爲「前進者」／被殖民者做爲「後進者」的分野。這種以前進爲指標的歷時性（diachronicity）觀點，使殖民地無可避免的落入「遲到」的焦慮中。白露（Tani E. Barlow）於其主編之《殖民現代性在東亞的型塑》（*Formations of Colonial Modernity in East Asia*）序論質疑過去東亞歷史研究處理殖民議題時預設了歷時性的前進觀，將現代性視爲殖民主義的前提，強化了殖民地無法克服的時間落差（temporal lag）。在歐美及緊接著的日本勢力籠罩的亞洲，當現代性的遺產被片面視爲外加的剝削形式或殖民遺緒，亞洲在現代化進程中的遲到性（belatedness）卻是更加鞏固。白露重新檢視「現代性」與「殖民主義」兩組語彙在東亞歷史經驗中的意義，提出「殖民現代性」的框架，指出歷史的發展並非是現代性引發殖民主義的承先啓後，兩者應是於歷史共時性（synchronicity）中相互建構〔註26〕。殖民者帶來殖民地的現代化，但自身也須透過被殖民者的他者文化才能反照其現代自我，因此雙方各是現代性計畫的一部份。當殖民者與殖民地在彼此的互動中型塑出雙方既重合又剝離的現代性時，在殖民主義與其受害者的截然劃分之間，在所謂「進口的」

---

〔註25〕葉振輝，《清季台灣開埠之研究》（台北：標準書局，1985）。

〔註26〕Tani E. Barlow ed., *Formations of colonial modernity*（Durham &London:Duke University Press, 1997）; Tessa Morris-Suzuki, "*Formations of Colonial Modernity in East Asia*（Book Review）," *Journal of World History* vol.10 no.2（1999）, pp. 485～487.

與「在地的」分野之間，仍滲透許多內在矛盾與模糊曖昧之處。

　　張隆志〈殖民現代性分析與臺灣近代史研究：本土史學史與方法論芻議〉一文便梳理了晚近方法學看待現代性的多種角度。當西方中心的普世現代性不再被假設為現代性的唯一內涵，殖民現代性的設題便「修正過去強調『帝國 v.s.邊陲』，以及『殖民者 v.s.被殖民者』二元對立架構，強調現代性傳布過程中，在不同時期、區域、族群、階層與性別上的多重歷史脈絡，以及在政經與文化層面〔的〕複雜互動關連」〔註27〕。張隆志並指出殖民現代性的視點可開展出殖民統治技術的現代性（governmental modernity）、外來與本土混融交織的混雜現代性（hybrid modernity）、或者殖民地社會具文化創造性的另類現代性（alternative modernity）等多重樣貌。這樣的方法學在歷史、藝術、大眾文化等領域皆開展出豐厚成果。日治時期研究中如菊池裕子（Yuko Kikuchi）所編《折射的現代性：殖民地台灣的視覺文化與認同》（*Refracted modernity: Visual Culture and Identity in Colonial Taiwan*）提出「折射的現代性」，形容歐美、日本、中國與台灣文化交織的殖民情境中，日本為躋身列強殖民擴張的棋局，改編歐美殖民主義，並藉由從歐美折射而至的東方主義創造了自己的東方，即日本以外的東亞諸國，來建構自己嶄新的現代認同。這樣的現代性經由日本殖民主義又再折射到台灣並在地化，表現出互動且多樣的殖民現代性，如台灣女性畫家陳進致力於摩登文化與地方色彩的混融〔註28〕。陳培豐《同化の同床異夢：日治時期臺灣的語言政策、近代化與認同》認為日本殖民同化政策雖透過以日本國體為本的語言教育來改造民族，但台灣人對語言現代化的討論與嘗試也是自主性追求文明的成果。呂紹理《水螺響起：日治時期臺灣社會的生活作息》探討現代標準化時間制度經日本引進台灣，透過基層教育、交通與產業結構深化至台灣人生活。為調節機械化生活作息所建立的市民休閒概念雖是日本文明教化的手段，但台灣傳統廟會活動卻也因而壯大，隨著縱貫鐵路系統興盛〔註29〕。在呂紹理另一著作《展示臺灣：權力、空間與殖民統治的形象表述》的考察中，日治時期的博覽會是殖民者統治權

〔註27〕張隆志，〈殖民現代性分析與臺灣近代史研究：本土史學史與方法論芻議〉，收於若林正丈、吳密察編，《跨界的台灣史研究──與東亞史的交錯》（台北：播種者，2004），頁152～153。
〔註28〕Yuko Kikuchi ed., *Refracted modernity: Visual Culture and Identity in Colonial Taiwan*（Honolulu: University of Hawaii Press, 2007）.
〔註29〕呂紹理，《水螺響起：日治時期臺灣社會的生活作息》（台北：遠流，1998）。

力與知識秩序的型構。但博覽會的觀看文化被台灣人挪用至日常娛樂與消費生活當中，卻能開啓一個嘉年華般的創造性空間。博覽會中文明開化與殖產興業的符號堆疊無法引起台灣人的認同，但博覽會的觀看視線體現於現代旅遊文化當中，台灣風景的建構卻能成爲當時文人乃至戰後世代在地認同的指標〔註30〕。上述研究皆是採取共時性的觀點看待殖民現代性，著重殖民者與被殖民者雙方對現代性的相互共構。

日治時期文學領域中對殖民現代性的探討，著重點也從接受與抵抗轉向翻譯與對話。陳芳明《殖民地摩登：現代性與台灣史觀》勾勒出現代性挾帶殖民性的強勢侵襲，殖民地台灣第一代知識份子對自身「遲到的現代性」感到焦慮欲急起直追，也對傳統封建社會表達批判。第二代知識份子在進步文明所挾帶的帝國主義文化優劣論之下，處於如法農一般「認同殘缺」與「精神分裂」的兩難，同時也批判現代性伴隨資本主義對土地的傷害與對勞動者的剝削，並帶來左翼文學的興起〔註31〕。陳建忠《日據時期臺灣作家論：現代性、本土性、殖民性》亦將殖民現代性視爲是一種獨尊啓蒙的外加暴力，並強調作家在殖民現代性情境下對本土文化的思考，透過採集民間文學、描寫鄉村人物等對本土的「回歸」〔註32〕。游勝冠《殖民主義與文化抗爭：日據時期臺灣解殖文學》依對殖民現代性的接受跟抗拒，將日治時期知識份子分成三種類型，其中與日本政權合作的傳統漢文人、主張制度內同化的啓蒙知識份子都被批判爲殖民現代性的附庸，表示唯有「讓底層發聲」的左翼本土知識份子才是眞正的反支配與解殖民〔註33〕。上述研究大致認爲殖民現代性爲台灣知識份子帶來認同的「危機」，因而轉向與中產階級相對的底層階級、與都會相對的鄉村來喚起左翼的社會良心、重構本土的認同。崔末順《海島與半島：日據臺韓文學比較》延續此一看法，並擴大提倡東亞文學，特別是殖民地文學的比較研究，關注被邊緣化的在地文化，以及工農、女性等弱勢群體，對抗西方啓蒙、理性的普遍價值，以示西方版本的現代性並非唯一準則〔註34〕。

以進步、本土或左翼觀點來檢視作家的「立場」，往往會排除殖民地台灣

---

〔註30〕呂紹理，《展示臺灣：權力、空間與殖民統治的形象表述》（台北：麥田，2011）。
〔註31〕陳芳明，《殖民地摩登：現代性與台灣史觀》（台北：麥田，2011）。
〔註32〕陳建忠，《日據時期臺灣作家論：現代性‧本土性‧殖民性（台北：五南，2004）。
〔註33〕游勝冠，《殖民主義與文化抗爭：日據時期臺灣解殖文學》（台北：群學，2012）。
〔註34〕崔末順，《海島與半島：日據臺韓文學比較》（台北：聯經，2013）。

多元的創作群體。黃美娥《重層現代性鏡像：日治時代臺灣傳統文人的文化視域與文學想像》便打破日治時期新舊文人進步／落伍的劃分，主張台灣漢詩與漢文小說書寫也迎上新時代，在體裁與內容上求新求變。漢詩人透過詩社延續漢文傳統、凝聚漢文化的想像共同體，也日本殖民體制所打造的現代休閒娛樂與文化消費密切結合。漢文小說翻譯改寫世界文學，發展偵探小說等新文類，也呼應日本帝國擴張論述，強調以儒家道統的東洋文明來駕馭西洋科學〔註35〕。蔡佩均〈想像大眾讀者：「風月報」、「南方」中的白話小說與大眾文化建構〉則在菁英知識份子之外，強調漢文通俗作家對都會消費文明的把握，及其想像市民大眾讀者以維繫漢文文藝版圖的嘗試〔註 36〕。若僅以壓迫的形式來理解殖民現代性，或僅以抵抗與否來檢視殖民地作家，往往會將殖民現代性複雜的共構化約為殖民者／被殖民者的二元對立。朱惠足《「現代」的移植與翻譯：日治時期台灣小說的後殖民思考》便從日治時期台灣位於西洋、日本、中國文化板塊與民族國家的「間隙」位置出發，將殖民現代性定位成日本為統治目的將西洋文明移植到台灣後，其經歷跨文化翻譯並在地化的過程。其書採不同性別、族裔的作家相互對照，綜論小說語言的混雜性、旅居遷徙、與異民俗的接觸等各主題，表示被殖民者即使追求抵抗但須面對無法化約的矛盾與分歧〔註37〕。

從上述關於殖民現代性的研究，可發現訴諸抵抗的認同政治，強調主體的穩固與完整，在文本中尋求因階級或國族主體位置所形成的壓迫關係，可以從左翼或反殖民角度提出強而有力的政治判斷。但將殖民現代性的影響視為認同危機往往是一種歷史優勢者的評判，並未正視殖民地處於歷史轉型期與文化夾縫的複雜情境，這在殖民地女性議題上尤為顯著。周蕾《婦女與中國現代性：東西方之間閱讀記》一書便以女性觀影經驗為例，指出主體性的建立與他者的目光是不可分割的。女性觀影者同時具有觀看主體與被觀看客體的雙重認同，電影的視覺侵略性與現代觀影快感在女性觀眾身上是同時存在，以此來思考中國近代歷史，西方目光與中國主體性的建構其實也是不可

---

〔註35〕黃美娥，《重層現代性鏡像：日治時代臺灣傳統文人的文化視域與文學想像》（台北：麥田，2004）。

〔註36〕蔡佩均，〈想像大眾讀者：「風月報」、「南方」中的白話小說與大眾文化建構〉。台中：靜宜大學中國文學研究所碩士論文，2006。

〔註37〕朱惠足，《「現代」的移植與翻譯：日治時期台灣小說的後殖民思考》（台北：麥田，2009）。

分割的。當許多漢學家追求未被西方現代性汙染的純粹「中國性」時，其實早已內建西方的眼光，將中國陰性化而放至於東方主義的異時時空中。也因此正視西方文明已是中國主體不可抹滅的一部份，才能以共時性的角度看待中國現代文學〔註38〕。從殖民地台灣女性來思考主體性的建構，日本在台灣建構女性教育制度、打造現代都會，在台灣歷史上首次促成現代女性知識份子及其公共空間的出現。台灣現代女性主體建構與女性自立空間的奠基，本是千絲萬縷地交纏於殖民現代性當中。如為強調抵抗精神與認同政治而對此避而不談，便無法細緻地把握殖民地台灣的女性處境。

　　目前關於殖民地台灣女性的研究中，楊翠《日據時期台灣婦女解放運動：以《台灣民報》為分析場域（1920～1932）》將日治時期女性的婦運定調為對「資本家──殖民者──父權」三重壓迫的抵抗實踐。書中也指出婦女解放的位階乃是在民族解放與階級解放之下，《台灣民報》男女論者對女性受教權與經濟獨立的呼籲是社會進步的附帶條件，非為確立女性自主人格。殖民地台灣女性運動從男性主導的民族與階級運動中發芽，成立本土婦女團體，楊翠認為其與官方婦女團體是採對抗的姿態〔註39〕。不過，書中亦提及《台灣民報》大量轉載日本女性參政權運動文章，島內進步女性多受日本教育或赴日深造，本土婦女團體亦曾提出普及日語的主張，似乎在對抗與合作之間還有商榷的餘地。洪郁茹《近代台灣女性史》揭示日治時期台灣女性教育體制的建立以及隨之誕生的「新女性」世代。殖民地女子教育具強烈同化意圖，以國民精神與新娘教育為目標，但中上階級女性得以通過「女學生」的身分獲得嶄新的揮灑空間，日語、現代科學知識與文化教養的訓練，也提供機會讓女性能在家庭之外找尋出路，稍稍鬆動父權封建家庭規範〔註40〕。呂明純《徘徊於私語與秩序之間：日據時期台灣新文學女性創作研究》也指出日本文明對殖民地台灣女性而言是接觸世界的窗口，台灣日治時期女性文學與日本女性文學有所傳承，在文學體裁上傾向小我與抒情的小敘述〔註41〕。殖民現代性對殖民地女性而言是壓迫、教化的形式，也是獲得資源的契機。若純

〔註38〕周蕾，《婦女與中國現代性：東西方之間閱讀記》（台北：麥田，1995）。
〔註39〕楊翠，《日據時期台灣婦女解放運動：以《台灣民報》為分析場域（1920～1932）》（台北：時報，1993）。
〔註40〕洪郁如，《近代台灣女性史》。
〔註41〕呂明純，《徘徊於私語與秩序之間：日據時期台灣新文學女性創作研究》（台北：學生書局，2007）。

粹將女性放於多重壓迫情境下，或將女性表述規範化於民族、階級抵抗中，不免忽視殖民現代性所帶來的經驗實爲台灣女性在現代化轉型中的重要文化資產。

　　近年來有一系列統合性的著作，皆從女性角度切入現代性的建構，探討東亞區域乃至全球化現象下的女性形象，豎立了對二次大戰間女性跨國研究的里程碑。《世界的摩登女郎：消費、現代性與全球化》（*The Modern Girl Around the World: Consumption, Modernity, and Globalization*）一書鎖定 1920 至 1930 年世界性的「摩登女郎」現象，討論範圍橫跨歐、亞、美、非各國傳媒中的攝影、廣告與圖像，視美式商品文化所塑造的摩登女郎爲現代性表徵與實踐者。編者重視資本主義全球化爲各地傳統社會結構帶來的顛覆能量，摩登女郎即是引發變革的可能〔註 42〕。但強調全球性現代文化的流動，不免未能深化在地脈絡的回應與互動。《摩登女郎與殖民地的近代──東亞的帝國・資本・性別》（『モダンガールと植民地的近代：東アジアにおける帝国・資本・ジェンダー』）便聚焦東亞，強調現代性與資本慾望、帝國凝視密不可分，摩登女郎做爲兩者投射的虛象，突顯出都會與宗主國中心視線下的差異化序列，以及激進解放意識復爲帝國主義收編的暗面〔註 43〕。《亞細亞的女性身體是如何被描繪？：視覺表象與戰爭記憶》（『アジアの女性身体はいかに描かれたか：視覚表象と戦争の記憶』）探討女性形象如何被編織於戰爭動員當中，批判帝國主義與性暴力的共謀，也觀察到殖民地藝術中無法被馴化的異質性，以及經驗的片段化與斷裂如何作爲一種雄辯的發聲〔註 44〕。這三部著作從全球視野、在地脈絡探討到帝國結構，爲筆者以「世界」、「民俗」、「帝國」設題的重要參照。在世界現代化潮流的普遍性與在地演繹的差異性之間，在帝國體制結構與其內部混雜性之間，雙方是如何透過女性形象的打造來展開詰抗，正是本書探討日治時期殖民現代性的著眼點所在。

---

〔註 42〕The Modern Girl Around the World Research Group（Alys Eve Weinbaum, Lynn M. Thomas, Priti Ramamurthy, Uta G. Poiger, Madeleine Y. Dong, and Tani E. Barlow），*The Modern Girl Around the World: Consumption, Modernity, and Globalization*（Durham and London: Duke University Press, 2008）.

〔註 43〕伊藤るり、坂元ひろ子、タニ・E・バーロウ編，《モダンガールと植民地的近代：東アジアにおける帝国・資本・ジェンダー》（東京：岩波書店，2010）。

〔註 44〕北原惠編，《アジアの女性身体はいかに描かれたか：視覚表象と戦争の記憶》（東京：青弓社，2013）。

## 三、研究取逕與章節架構

　　如果主體的形成是在文化差異性中間位置的協商過程，殖民現代性視線的介入必然會造成主體在自我與他者間反覆地再定義，本書不擬將特定性別／族裔／階級主體視爲穩固而本質的認同，而欲探討主體在多重社會位置邊界的斡旋。在具體的文學閱讀上，蘇珊・弗瑞蒙（Susan Friedman）的「身分地理」（Geography of identity）概念可作爲有用的參照架構，來解析《臺灣婦人界》小說中充滿多重主體位置的創作群像。弗瑞蒙受到後殖民與酷兒理論的影響，她的方法論旨在突破女性主義文學批評中以社會性別爲中心的研究方法，指出主體並非穩固的本質，而是具空間性的多重身份邊境（borderlands）：

> 〔身分地理〕繪製疆域與邊界、內／外與中心／邊緣辯證的地域、不同身分位置中心軸的交叉、以及動態性的相遇空間——「接觸地帶」（contact zone）、「中間地帶」、邊境、前線。此外，這種〔身分〕地理論述並不強調線性增長的規律傾向，而是穩固根基的匱乏、無盡變遷的流動性、游牧流浪的跨國離散、「全球族群景觀」（global ethnoscape）的相互交融。〔註45〕

弗瑞蒙的方法論恰可用於描述《臺灣婦人界》背景多元的作者群。他們從日本各處來到南方殖民地、或從台灣到日本內地奮鬥的生命經驗，使《臺灣婦人界》創作小說富含帝國各處的南腔北調與地域風情。身爲大眾雜誌，《臺灣婦人界》是少數職業作家嘗試身手的刊物，也是更多背景不一之業餘寫手的發表園地。本書所提及的作家，就涵括留學歸台灣生男性菁英、在台內地人男性中階官吏、旅日本島男性、東京內地人女性記者、在台內地人家庭主婦與本島人知識階級女性。他們筆下的各種主體身分相遇交錯，富含在性別／階級／國族的權力位置間的對照關係，很能彰顯台灣作爲帝國邊緣及移民社會的流動特性。《臺灣婦人界》作爲文化的「接觸地帶、中間地帶、邊境與前線」，繪製出台日兩種文化主體或融和、或游離、或競爭的「身份地理」。從《臺灣婦人界》整體刊物的走向，刊物中的小說創作群、單一小說中的角色關係、到角色群中的單一女性身體，都負載了各種主體身分之間的矛盾與差異性。

---

〔註45〕Susan Friedman, *Mappings: Feminism and the Cultural Geographies of Encounter* （Princeton, New Jersey: Prinston University Press, 1998）, p. 19.

　　面對這樣的研究對象，若僅以同一議題、地域爲研究範疇，將難以照顧到《臺灣婦人界》整體創作面貌的特性。若僅以單一性別、種族或階級來劃定文本內部與內外的權力關係，也無法深化處理在各種地理、身份疆界間遷徙的流動主體位置。「身份地理」概念將主體視爲一種在求異與求同之間的辯證關係，或能爲《臺灣婦人界》小說中複雜的差異主體帶來更靈活的解讀：

> 〔身份地理〕一方面在熱衷於差異性及自我他者分隔的人們之間豎立邊界，無論是奠基於歷史學、生理學或兩者兼有，無論是作爲支配或抵抗的形式。另一方面，〔身份地理〕探求有形的或幻想的豐饒邊境、有限的中介（in between）空間、持續運動與變化的位置、摻雜交融的軌跡以及自我和他者的雜種混合。〔註46〕

弗瑞蒙的概念與第一小節所討論的後殖民理論走向相應和，並具體以作家之身分、文本中的人物與文本蘊含的文化敘事（cultural narratives）來解析主體處於異文化接觸地帶時錯綜複雜的位置。如工人階級女性即具有被多重壓迫的主體、不同族群、文化的混血兒具有矛盾主體，遷徙者具混雜性主體、還有與其他主體比照下之才能呈現的相對主體位置等〔註47〕。採用「身分地理」的概念，或可超越單一性別／階級／國族的本質性劃分，正視殖民現代性與被殖民主體的相互建構，從主體在重層權力位置與多維座標軸的移動之間，尋找殖民宰制的裂隙以及翻轉壓迫的動能。此處需強調的是，筆者採用流動性的身份地理概念來探討殖民地女性問題，並非意在浪漫化「邊緣性」以抵銷殖民體制的壓迫性。事實上，正因殖民體制的壓迫性是如此強而有力，邊緣的生命經驗往往不是穩固而完整，強調身份的混雜與階層位置的流動才能較爲妥切的貼近殖民情境下的女性經驗。

　　在本章序論之後，本書第二章「《臺灣婦人界》與殖民地現代女性」將介紹《臺灣婦人界》編輯群、欄目內容與文藝作品的概況。目前關於《臺灣婦

---

〔註46〕Susan Friedman, *Mappings: Feminism and the Cultural Geographies of Encounter*（Princeton, New Jersey: Prinston University Press, 1998）, p 19.

〔註47〕弗瑞蒙舉出的六種社會位階爲多重壓迫主體（multiple oppression）、多重主體位置（multiple subject positions）、矛盾主體位置（contradictory subject positions）、相對主體（relationality）、情境式主體（situationality）與混雜性主體（hybridity）。Susan Friedman, *Mappings: Feminism and the Cultural Geographies of Encounter*（Princeton, New Jersey: Prinston University Press, 1998）, p18～31.

人界》的前行研究已有些零星的篇章。楊翠提及《臺灣婦人界》爲官方女性
團體刊物﹝註48﹞，和泉司指出該刊聚焦女性議題的特殊之處﹝註49﹞。孫秀蕙、
王湘婷以符號學分析《臺灣婦人界》廣告圖像如何塑造出的現代主婦以及戰
爭協力的賢妻良母形象﹝註50﹞。何純愼介紹《臺灣婦人界》中女性家庭小說、
內台共婚以及現代化台籍女傭三項值得關注的題材﹝註51﹞。中島利郎簡介《臺
灣婦人界》的大眾文學取向，並將該刊小說選入《台灣通俗文學集》上下二
卷﹝註52﹞。在上述研究的基礎上，本書第二章從日治時期女性雜誌的發展與
《臺灣婦人界》整體刊物內容來爬梳1930年女性經驗與殖民現代性的交織，
期能從時代脈絡來更全面地把握殖民地女性在公私領域的處境變遷。

　　第三章「世界的聲響：《臺灣婦人界》的女性創作」將聚焦於《臺灣婦人
界》中多位台日女性作家，探討自世界性的現代化浪潮以來，女性如何在賢
妻良母主義、第一波女性主義以及資本主義所挾帶的明流暗湧中，爲自我與
他者定位。前述楊翠《日據時期台灣婦女解放運動》、洪郁茹《近代台灣女性
史》與呂明純《徘徊於私語與秩序之間》皆是關於日治時期女性的開創性研
究，但僅劃定台灣本島女性爲研究範疇。本章則將日本女性的性別表述放入
版圖，檢視《臺灣婦人界》與其前行女性雜誌《婦人與家庭》的女性創作，
一方面指出菁英女性對自由主義女性主體的想像，另一方面觀察主流賢妻良
母性別規範將底層女性邊緣化的策略，檢視第一波女性主義透過女性雜誌在
台灣的傳播，並嘗試勾勒出普遍性與差異性的對照光譜。

　　第四章「陽剛他者與陰性自我：西川滿與陳華培的民俗書寫」將解析《臺
灣婦人界》中西川滿與陳華培兩位作家對台灣民俗題材的再現。民俗敘事擺

﹝註48﹞ 楊翠，《日據時期台灣婦女解放運動：以《台灣民報》爲分析場域（1920～1932）》
　　　　（台北：時報，1993），頁58。

﹝註49﹞ 和泉司，《日本統治期台湾と帝国の「文壇」──「文学懸賞」がつくる「日
　　　　本語文学」》（東京：ひつじ書房，2012），頁170～171。

﹝註50﹞ 孫秀蕙，〈再現「現代女性」：日治時期《臺灣婦人界》的廣告圖像符號研究〉，
　　　　收錄於吳詠梅、李培德編著《圖像與商業文化：分析中國近代廣告》（香港：
　　　　香港大學出版社，2014），頁207～232；王湘婷，〈日治時期女性圖像分析
　　　　──以《臺灣婦人界》爲例〉，國立政治大學廣告學系碩士論文，2011。

﹝註51﹞ 何純愼，〈植民地統治下台湾における近代女性像の形成：『台湾婦人界』を
　　　　中心に（テクスト分析）〉，《文化記号研究》第1期（2012年3月），頁84～
　　　　94。

﹝註52﹞ 中島利郎，〈日本統治期台湾の「大眾文學」〉，《台湾通俗文学集一》（東京：
　　　　綠蔭書房，2002年），頁359～370。

盪在現代社會對舊慣的揚棄以及創作者對鄉土意識的表態之間，牽涉到外來者與在地者的詮釋角力而折射出虛虛實實的話語建構。前行研究如橋本恭子檢視日本人作家奠基於南進意識的鄉土認同〔註53〕，李純芬、曾馨霈、張育薰比較日台作家的民俗書寫，探討日本人帝國視線的介入與台灣人鄉土情感的連結〔註54〕。朱惠足指出殖民者帝國式的懷舊與被殖民者的在地父系系譜建構之對立，卻也提醒了雙方主體在自我與他者界線間流動的可能〔註55〕。前述研究多集中在1940年代皇民化推展與大東亞民俗學興起的脈絡下，本章則指出1930年代台日作家已展開了民俗題材的耕耘。當民俗被以殖民現代性的普遍準繩重新發現，民俗書寫成爲對差異性的挪用和展演，台日作家也在文本中透過性別化的民俗再現，對他者和自我重新定義。

第五章「通婚與混血：國族寓言中的女性身體」將從《臺灣婦人界》中關於通婚與混血的小說，檢視日本帝國的文明使命如何透過對女性身體的動員來執行。這些小說皆由日本人所創作，皆處理了異文化的交鋒場合。在血緣、文化優劣論的強烈影響下，國族主義敘事與現代賢妻良母主義在文本中結合，以異族女性身體的歸順來表達文明同化的信念。關於通婚與混血議題的前行研究多集中於1940年代的文本。武久康高與林慧君關注皇民化政策與血液、文化的優勢支配下的認同政治〔註56〕；星名宏修與吳佩珍指出同化政策的文明使命與擁抱強種的優生學論述，兩者相互牴觸而暴露帝國主義計劃的扞格矛盾〔註57〕。本章將補充1930年代關於通婚與混血的文本，探討日本

〔註53〕 橋本恭子，〈在臺日本人的鄉土主義——島田謹二與西川滿的目標〉，收於吳佩珍編，《中心到邊陲的重軌與分軌：日本帝國與臺灣文學・文化研究（中）》（台北：台灣大學出版中心，2012），頁333～379。

〔註54〕 李純芬，〈帝國視線下的在地民俗實踐：殖民地臺灣文學中的婚喪書寫（1937～1945）〉，台中：國立中興大學臺灣文學研究所碩士論文，2009；曾馨霈，〈民俗記述與文學實踐：1940年代臺灣文學葬儀書寫研究〉台北：國立臺灣大學臺灣文學研究所碩士論文，2010；張育薰，〈日治後期臺灣民俗書寫之文化語境研究〉，新竹：國立清華大學台灣文學研究所，2011。

〔註55〕 朱惠足，〈「小說化」在地的悲傷——皇民化時期台灣喪葬習俗的文學再現〉，《「現代」的移植與翻譯：日治時期台灣小說的後殖民思考》，頁229～270。

〔註56〕 武久康高，吳佩珍譯，〈超越「尺度」的方法——「皇民文學」與坂口䙥子的〈杜秋泉〉、〈鄭一家〉〉，《台灣文學學報》第12期（2008年6月），頁27～44；林慧君，〈坂口零子小說人物的身分認同——以〈鄭一家〉、〈時計草〉爲中心〉，《台灣文學學報》第8期（2006年6月），頁123～145。

〔註57〕 星名宏修，〈植民地の「混血児」—「内台結婚」の政治学〉，收於藤井省三、黃英哲、垂水千惠編，《台湾の「大東亜戦争」》（東京：東京大学出版会，

文明改造計劃如何就女性在家庭與社會的角色進行動員，並將通婚與混血的議題連結到更大的世界局勢當中，探討作家如何透過國族主義的擴張嘗試挽救資本主義經濟崩盤的心理困局，與台灣的多重殖民歷史以及環伺的西方帝國勢力相抗衡。

　　第六章將回顧並總結全文，重申本書對現有研究的延伸與突破。

---

2002），頁 267～294；吳佩珍，〈台灣皇民化時期小說中「血」的象徵與日本近代優生學論述〉，收於彭小妍編，《跨文化情境：差異與動態融合——臺灣現當代文學文化研究》（台北：中央研究院中國文哲所，2013 年），頁 15～38。

# 第二章 《臺灣婦人界》與殖民地現代女性

## 第一節　殖民地台灣新女性的出現與女性雜誌的濫觴

　　如第一章所提及，殖民地新女性現象的出現有賴日本殖民政府對對女性
教育系統的建構、現代都會物質文明的發展以及大眾媒體對現代女性形象的
打造。洪郁茹《近代台灣女性史》對日治時期女性教育有非常詳細的爬梳。
她指出殖民地女性教育的展開是基於文化統合的目的。日本領台初期，爲了
讓女性能踏出家門接受教育，殖民政府從仕紳階級開始宣揚有現代教養與勞
動生產力的文明女性形象，推行解纏足運動。1900 年的「天然足會」成立，
仕紳爲女兒取下纏腳布。纏足標示上流社會身分的機能喪失，不再被認爲美
觀而被視作惡習。過去只能在傳統家中由女性長輩教授針線技能，或閱讀三
字經、列女傳的女性，開始有了接受現代教育的管道。日本領台後逐漸設立
國語學校的附屬女學校、初等教育的女子公學校，中等教育的女學校與師範
學校、高等教育的高等女學校，還有 1931 設立的女性教育最高學府台北女子
高等學院。授課內容首重日語，再來是修身、理科、家事等，另亦有針對職
業技能的裁縫學校。1920 年代女性接受初等教育的比率約爲百分之十，1934
年爲百分之二十，1942 年以後提升到百分之六十。高等女學校的學生數也從
1921 年約六百人增加到 1943 年以後的將近五千人 [註1]。洪郁茹指出的新女

---

〔註 1〕 洪郁如，《近代台灣女性史》，頁 154～155。

性主要以 1920 年代高等女學校的在學生或畢業生爲範圍。她們是殖民地金字塔頂端的菁英階級女性，接受的是和洋折衷的修養與新娘教育。在知識提升與生活圈擴大的同時，新女性們也開始追求自由戀愛、脫離傳統大家庭而建立現代核心家庭，成爲現代主婦。

洪郁茹一書對新女性的詮釋側重教育制度對菁英女性群體的基礎構成，本書從女性雜誌著手，著重大眾媒體打造現代女性形象的文本效應。從日治時期的女性雜誌觀察，新女性現象的範疇應當不僅只於比例極少的高女畢業生，而是表現在女性大眾對教育、知識與技能的渴求，對都會文化與現代物質生活的熟稔，以及成爲現代社會一份子的企圖之中。《臺灣婦人界》可以發掘到許多這樣的事例。

此處先介紹《臺灣婦人界》創刊之前兩部先行的女性雜誌《臺灣愛國婦人》以及《婦人與家庭》，以梳理日治時期女性雜誌的大致發展。目前所知日治時期最早的女性雜誌爲 1908 年 10 月愛國婦人會台灣支部發行的機關誌《臺灣愛國婦人》，是一文藝性刊物，1916 年 3 月經營不善而廢刊〔註2〕。這部雜誌史料已散逸甚多，筆者僅見得 1915 年至 1917 年部分卷期。其內容大致有社論與文藝兩部分，社論主題有時事評論、婚姻經營、家庭講座，亦轉錄愛倫凱、與謝野晶子所撰之女性解放思潮相關論文〔註3〕。社方有駐東京記者，稿件與插繪多來自日本內地文化人、運動者與在台日本人，如鏑木清方，與謝野寬、泉鏡花、鳩山春子等。在這些零星的作者之外，新渡戶稻造有一系列關於精神修養的文章。文藝欄有詩歌、小說、短文與講談，作者有與謝野晶子、長谷川時雨、岡本加乃子等。長期連載者有與謝野晶子的〈新譯紫式部日記〉，以及署名白鷺山人所著的長篇小說〈空中女王〉，內容曾提及原住民習俗以及理蕃狀況〔註4〕。《臺灣愛國婦人》並附有漢文報，募集了相當多漢文人投稿。篇目有寄稿、論議、小說、說話、詞壇。論文多引述四書五經之學，有「賢婦鑑」一欄強調孝女節婦的典範，也有簡介新科學的「國民叢

---

〔註2〕 紙本保存於新北市永和區國立台灣圖書館，資料庫見國立台灣圖書館日治時期期刊全文影像系統：http://stfj.ntl.edu.tw/cgi-bin/gs32/gsweb.cgi/login?o=dwebmge。

〔註3〕 エレンケイ，〈囚はれたる婦人の悲劇〉，《臺灣愛國婦人》第 80 卷（年月不詳），頁 27；與謝野晶子，〈德川時代唯一の女流小說家〉，《臺灣愛國婦人》第 78 卷（年月不詳），頁 43～56。

〔註4〕 與謝野晶子，〈新譯紫式部日記〉，《臺灣愛國婦人》第 86 卷（1916 年 1 月），頁 182～200；白鷺山人，〈空中女王〉，《臺灣愛國婦人》第 78 卷（年月不詳），頁 96～103。

話」系列。小說有魏淸德等的翻譯小說，詩詞有吳德功、施寄庵等。《臺灣愛
國婦人》停刊後，該會於 1930 年重發行《臺灣愛國婦人新報》，但內容爲各
部事務報告，文藝內容已不復見〔註5〕。

　　1919 年 11 月台灣第二部女性雜誌《婦人與家庭》（婦人と家庭）由台灣
兒童世界社（台灣子供世界社）創辦，目前所見共 2 卷 12 期〔註6〕。《臺灣新
報》記者小島草光主持這份刊物，一方面刊載日本女性解放者與謝野晶子等
的主張，著重女性做爲人的自主性與制度上的不等〔註7〕，另一方面也受大正
年間優生學與童心主義的影響，鼓吹兒童、家庭本位思想，強調婦女爲國家
富強的根本〔註8〕。二卷三號爲「子女教育號」，刊登了多位醫師對精神與健
康方面的育兒建議。二卷四號爲「職業婦女號」，專題募集了看護婦、裁縫教
師、事務員發言鼓勵女性進入社會謀職，產婆小佐井時（小佐井サダ）表示
希望能透過這份職業嘗試接近並教化本島家庭〔註9〕。二卷五號則鼓勵本島生
活家庭的改造，呼籲廢除婚葬禮俗、提倡家庭娛樂活動、改行和洋折衷的生
活。圖 1 爲《婦人與家庭》的一幅封面繪圖，圖中身著和服並捧著西洋樂譜
的女性，便象徵了和洋折衷的現代教養。在文藝方面，《婦人與家庭》有相當
多的詩歌、短文與小說，亦有不少女性作家。其中持續發表的有北野里子，
作品包括了散文、詩與文藝評論。許多女性的隨筆與小說抒發戀愛與結婚的
心情，如大谷久子〈少女的煩惱〉（處女のなやみ）與加藤秋子〈年輕女孩的
苦悶〉（若き女の悶へ）等〔註10〕。《婦人與家庭》女性撰稿者雖多，但本島

---

〔註5〕 洪郁如，〈解說〉，《愛国婦人会台湾本部沿革誌》（東京：ゆまに，2007），頁
　　　　七～八（原頁碼爲漢字）。
〔註6〕 紙本保存於新北市永和區國立台灣圖書館。
〔註7〕 與謝野晶子，〈男女間の差別撤廢〉，《婦人と家庭》2 卷 9 號（1920 年 10 月），
　　　　頁 4～5：《婦人と家庭》1 卷 12 號（1919 年 12 月），頁 26～29：小島草光，
　　　　〈主婦の働きは何よりも先づ人間であれ〉，《婦人と家庭》2 卷 2 號（1920
　　　　年 2 月），頁 2～5。
〔註8〕 如小島草光，〈大人本位の家庭から子供本位の家庭へ――子供を天性の儘に
　　　　發育せしめろ――〉，《婦人と家庭》 1 卷 12 號（創刊號）（1919 年 12 月），
　　　　頁 4～7：邱吉音治，〈婦人の活動は何を本位とするか〉，《婦人と家庭》1 卷
　　　　12 號（創刊號）（1919 年 12 月），頁 15～21。
〔註9〕 小佐井サダ，〈今一步を進めて〉，《婦人と家庭》2 卷 4 號（1920 年 4 月），頁
　　　　27～28。
〔註10〕 大谷久子，〈處女のなやみ〉，《婦人と家庭》2 卷 5 號（1920 年 5 月），頁 30
　　　　～33：加藤秋子，〈若き女の悶へ〉，《婦人と家庭》2 卷 6 號（1920 年 6 月），
　　　　頁 41～45。

女性只有兩位發表過本島童話，分別是吳氏阿銀〈金戒指〉（金の指環）與張氏阿順的〈鏡〉。兩人爲台灣教育會的宣傳委員，在照片中穿著具代表性的台灣衫。《婦人與家庭》亦短暫的刊行過漢文欄，由在台日人所主導，倡導女性生活的改造。《婦人與家庭》刊議論性較高，有濃厚的菁英色彩。在 5 年後發刊的《臺灣婦人界》在教化女性的發刊宗旨與議題規畫上與《婦人與家庭》有承先啓後的連結，但增添了更多商業大眾氣息。

圖 1　《婦人與家庭》2 卷 3 號封面

## 第二節　《臺灣婦人界》刊旨、編輯群與欄目概況

　　《臺灣婦人界》於 1934 年 5 月創刊，由位於台北市西門町的「臺灣婦人社」發行，創辦人與首任主編爲柿沼文明。柿沼是《臺南新報》記者，曾於前述愛國婦人會臺灣支部與台灣兒童世界社擔任幹部，十分關心兒童與家庭議題，本身也是個童話作家〔註 11〕。根據柿沼發刊詞所言，創辦《臺灣婦人

〔註11〕柿沼有筆名「柿沼二三秋」，據報曾出版有本島色彩的童話集《二二か四郎と二三か六郎》。〈お伽嘛集出版柿沼二三秋君著〉，《臺灣日日新報》，1927 年 6 月 10 日，夕刊第 3 版；〈地方近事／宜蘭お伽講演〉，《臺灣日日新報》，1924 年 4 月 25 日，第 4 版。

界》的緣起乃因當時日本內地的女性雜誌《婦人公論》、《主婦之友》（主婦の
友）、《婦女界》等已在台灣大量流通〔註12〕，但這眾多精美的雜誌中的內地
報導，卻與台灣氣候風土、習慣、居住環境、衛生，乃至料理、服裝、建築
等等生活狀況無甚關連。柿沼有感於此，決意要創辦一份立足台灣的婦女雜
誌。他表示：

> 在台灣不能不從台灣的角度來考量婦女問題、家庭問題與社會問
> 題。如此看來，台灣有立足台灣的婦女、家庭雜誌便有其必要了。
>
> 特別是打破本島舊慣、內台融合、國語普及等問題，如果不透過婦
> 女雜誌來著手，便無法傳達給廣大群眾。〔註13〕

柿沼之言的大致傳達了《臺灣婦人界》發刊的幾點旨趣。其一是「打破舊慣、
內台融合、國語普及」的啟蒙指導與政策宣揚。其二是強調現代女性做為食
衣住行育樂之調度者的中樞角色。其三是要從女性之於家庭、社會的位置來
著手，將政策深入推展至大眾的生活，以達到教化與動員的功能。

　　《臺灣婦人界》以深入大眾為職志，內容採商業化取向，但經營上仍遭
遇種種困難，1935年曾休刊3、4兩個月〔註14〕。1935年10月由古賀千代子
出任社長，其為時任總督府評議員兼台灣商工銀行董事長，具財政兩界勢力
的古賀三千之妻，以財力協助《臺灣婦人界》的經營〔註15〕。1936年1月，
創辦人柿沼文明疑似因經營壓力而自殺〔註16〕，2月停刊一期後再刊，雜誌篇

---

〔註12〕柿沼文明形容這些雜誌「如洪水般湧入書店」。柿沼文明，〈創刊號を世に送
　　　りて〉，《臺灣婦人界》1卷創刊號（1934年5月），頁11。
〔註13〕柿沼文明，〈發刊の辭〉，《臺灣婦人界》1卷創刊號（1934年5月），頁11。
　　　原文如下：「台湾には台湾として考えて行かなければならぬ、婦人問題があ
　　　り、家庭問題があり、社会問題はあると思います。してみれば台湾は台湾
　　　としての、婦人、家庭雑誌が必要になって来る筈です／殊に本島における
　　　旧慣打破とか、内台融和とか、国語普及とかいうような問題は、婦人雑誌
　　　によって扱われるのでなければ広く大衆の訴えるわけには行かないと思い
　　　ます。」本文所引日文文字皆由筆者自譯。
〔註14〕〈改造號に題す〉，《臺灣婦人界》2卷5號（1935年4月），頁25。
〔註15〕中島利郎指其為日治台灣出版界第一位女性社長。中島利郎，〈日本統治期台
　　　灣の「大眾文学」〉，《台湾通俗文学集一》（東京：綠蔭書房，2002年），頁
　　　364～365。
〔註16〕接任之編輯藤瀨徹志郎悼念道：「〔柿沼〕將自己投身於難中之難的雜誌經營事
　　　業，走在荊棘之路上二年，他終於刀折箭盡，選擇了死路。」藤瀨徹志郎，〈二
　　　月號の休刊の後を享けて〉，《臺灣婦人界》3卷3號（1936年3月），頁112。
　　　柿沼死訊見〈柿沼文明氏〉，《臺灣日日新報》，1936年1月3日，第7版。

幅大幅縮減將近三分之一。在柿沼之後，藤瀨徹志郎、南保信、江崎勝茂、
小島倭佐男先後接任編輯，至 1936 年第三卷開始才恢復創刊號的頁數量，持
續穩定發行，1934 年設有大連支局，至 1937 年 3 月已有東京、台中、嘉義、
台南等多個支局，1939 年 3 月並增設新竹支局〔註17〕。1939 年 4 小島倭佐男
提及經營困難〔註18〕，1939 年 6 月號即是筆者所知《臺灣婦人界》的最後一
期。然而其中未有任何停刊啓事或徵兆，可能是無預警停刊，也可能仍有史
料散逸。

　　《臺灣婦人界》的編輯與記者群眾多，且其中有許多女姓。1934 年 10
月左右入社的編輯長佐藤素女子爲日本大學法文學部出身，曾於東京從事
《女性日本》雜誌的編輯。她強調「《臺灣婦人界》要做爲新女性的嚮導」，
執行台灣做爲帝國領土南門的使命，面對精神生活與物質生活的革新，「爲啓
蒙運動舉起抱負的大旗」〔註19〕。1936 年 8 月左右入社的江崎勝茂自述其
編輯方針是要「給予本島內女性強而有力的啓蒙與指導」，一方面揭櫫與島
內女性相關的種種問題，一面介紹島內有能力的女性並發表其作品〔註20〕。
兩者大致皆延續柿沼文明的創刊旨趣。1937 年 2 月入社的小島倭佐男曾在
東京從事女性雜誌工作五年〔註21〕，一直持續擔任編輯到 1939 年 6 月最後
一期。在記者方面，雖然大部分並未署名，不過 1934 年社內有女性記者政
田靜枝，8 月有藤井千代子與陳玉葉兩位日台女性記者入社〔註22〕。此後尚
有 1934 年末到 1935 年初的富士晴子、1935 年的內田禮子、1936 年的遲塚
滿喜野、飯島以及 1938 年的岡田萬龜等。從記者的姓名或文章不時署名「婦
女記者」看來，這些記者多爲女性，她們的報導包括採訪各官吏夫人、各行
業女性楷模、女學校、女工工廠、公共休閒設施、巡演歌劇團、服飾與化妝
等。在編輯群以外，《臺灣婦人界》每期皆會刊載殖民地官員、校長、教師

〔註17〕〈社告〉，《臺灣婦人界》4 卷 3 號（1937 年 3 月），頁 168；《臺灣婦人界》6
　　　　卷 3 號（1939 年 3 月），頁 126。

〔註18〕〈編輯室たより〉，《臺灣婦人界》6 卷 4 號（1939 年 4 月），頁 124。

〔註19〕佐藤素女子，〈入社の辭〉、柿沼文明，〈編輯長佐藤女史を迎へて〉，《臺灣婦
　　　　人界》1 卷 11 月號（1934 年 10 月），頁 114。

〔註20〕〈編輯後記〉，《臺灣婦人界》3 卷 8、9 號（1936 年 8 月），頁 200。

〔註21〕江崎勝茂，〈旅を續けながら〉，《臺灣婦人界》4 卷 3 號（1937 年 3 月），頁
　　　　164。

〔註22〕藤井千代子、陳氏玉葉，〈入社の辭〉，《臺灣婦人界》1 卷 9 月號（1934 年 9
　　　　月），頁 81。

等針對女性的政策訓話，並邀請教授、醫生撰文講解衛生、育兒講座等現代家庭科學。社方也積極與都會大眾的聲音接觸，經常向女學生與各行各業包含台日籍的女性讀者募集稿件，特別強調她們的現身說法。亦有女性被延請為專欄作者，如任職於大谷幼稚園的後藤登美子有「愛兒的記錄」（愛兒の記錄）長期專欄，並主持人生諮詢欄。

此處我將先以創刊號為例，讓讀者大致把握《臺灣婦人界》的內容編排大要。創刊號封面為彩色，繪製了一幅眼神十分嬌柔溫順的女性肖像，眉宇和鼻樑近似日本美人畫筆法，紅唇的唇型勾勒和垂肩微卷的髮型十分符合當時斷髮紅唇的摩登風向，她所戴的頭巾暗示她的主婦身分，浮現出一個既具現代美又顯賢淑的女性形象。雜誌的第一頁為目錄，之後刊載了風景與節慶的攝影作品，緊接著是台北帝國大學校長幣原坦等的題字、愛國婦人會台灣本部長平塚茂子等的祝辭、台北市高等小學校長的社論。本期分別為女學生、家庭主婦與職業婦女讀者群設定了「共婚座談會」、「畢業後的希望」以及「我的職場日記」三項專題。在女學生方面，本期採訪了當時女性最高學府台北女子高等學院，介紹校內教授的各學科、教養與家事等科目〔註23〕。「畢業後的希望」專題中徵集了永島節江、蘇氏金蕊等七位台日籍的女校學生就畢業後的出路發表感想，有的立志成為賢內助，有的決定繼續升學，也有表示要從事兒童教育〔註24〕。在結婚議題方面，本期專文探討在台內地女性結婚困難的對策，表示應透過學校及公私立機構來促進媒合，且鼓勵與外族結合來發揚日本精神〔註25〕。接著發表該社針對內地人與台灣人通婚議題所舉辦「共婚座談會」的記錄，邀請到楊承基與楊貞子等四對內台共婚夫婦，介紹諸位的背景並就結婚動機、日常生活、子女教育等做採訪〔註26〕。在職場議題方面，本期採訪了女性電話接線人員的工作現場，形容她們拼命練習電話用語及發聲方法，並表示職業婦女被視為低下的時代已過去〔註27〕。「我的職場日記」專題從三十七篇應募稿件中選入商店店員柯劉氏蘭與打字員白樺由紀（白樺ゆき）的工作甘苦談，以日記的形式細膩描繪出職業婦女的工

---

〔註23〕　〈臺北女子高等學院訪問記〉，《臺灣婦人界》1 卷創刊號（1934 年 5 月），頁 136～138。

〔註24〕　〈卒業後の希望〉，《臺灣婦人界》1 卷創刊號（1934 年 5 月），頁 60～65。

〔註25〕　乙守たまを，〈在臺內地人娘の結婚難をどうする？〉，《臺灣婦人界》1 卷創刊號（1934 年 5 月），頁 28。

〔註26〕　〈共婚座談會〉，《臺灣婦人界》1 卷創刊號（1934 年 5 月），頁 38～51。

〔註27〕　〈働く婦人の戰線のぞ記〉，《臺灣婦人界》1 卷創刊號（1934 年 5 月），頁 52～55。

作現場〔註 28〕。在三項專題之外，尚有女性楷模的採訪報導、時事專欄、
育兒講座、刊載童話、童謠的「少年少女欄」、描繪摩登男女的「漫畫漫文」、
以及連載和懸賞入選小說。在女性生活方面另闢化妝、料理、手工藝與洋裁
欄位，請各專業人士介紹巴黎流行服飾、教導幼兒服裝的裁法、分享台灣夏
季的化妝秘訣，並向內地女性講授如何以本島食材準備料理、推薦本島女性
便宜而營養的味噌湯做法等〔註 29〕。雜誌末尾有短歌、俳句、俚謠、新詩
的發表空間，聘請各領域名家選編。上述這些日後皆爲常駐專欄，此外還有
零星篇章如國外旅遊遊記、愛國婦人會等社會團體活動訊息等穿插於專題和
專欄之間，雜誌最末則爲編輯室報告與版權頁。本期有一百六十六頁以及多
頁的廣告，售價一本四十錢〔註 30〕。

　　孫秀蕙曾指《臺灣婦人界》刊物性質介於日本菁英取向的《婦人公論》
與通俗取向的《主婦之友》之間，欲兼顧公共論壇與家事訓練兩方面的功能
〔註 31〕。根據第一卷第五號「我家的家計簿」專題，購買雜誌的費用列在
「修養費」當中。一位日籍銀行員的月收入五十元，其中五十錢可供主婦買
雜誌。一位月收入三百元的藝旦黃氏秀英則表示除了《臺灣婦人界》外，還
可購買價錢較高的《主婦之友》（五十二錢）及其他報刊〔註 32〕。此處女性
雜誌被標榜爲現代女性的教養指標，爲不同年齡、行業、族裔的女性設立規
範與準則。《臺灣婦人界》因應女性在家庭與社會上的角色日趨重要，打造
出一種全方位的現代女性形象，在家屋之內是現代小家庭生活的調度者與未
來國民的教育者，在社會上則是新鮮而進取的生產力。在殖民現代性的框架
下，女性在公領域與私領域的現代化已被視爲國家富強之路不可或缺的立
基。女性在掙得揮灑空間的同時，也成爲民族血液與文化的發揚者與帝國文

---

〔註 28〕柯劉氏蘭，〈夜更けの店番〉，《臺灣婦人界》1 卷創刊號（1934 年 5 月），頁
　　　　95～96；白樺ゆき，〈タイピストの職場〉，《臺灣婦人界》1 卷創刊號（1934
　　　　年 5 月），頁 98～102。

〔註 29〕星野富美子，〈夏の御化粧について〉，《臺灣婦人界》1 卷創刊號（1934 年 5
　　　　月），頁 140～142；田中シヅ，〈料理講座〉，《臺灣婦人界》1 卷創刊號（1934
　　　　年 5 月），頁 143～147；鹽澤沙河，〈パリ今夏の婦人流行服だより〉，《臺灣
　　　　婦人界》1 卷創刊號（1934 年 5 月），頁 148～149；吉見まつよ，〈女學校を
　　　　出たばかりの方に向くワンピースドレス〉，《臺灣婦人界》1 卷創刊號（1934
　　　　年 5 月），頁 150～152。

〔註 30〕《臺灣婦人界》1 卷創刊號（1934 年 5 月），封底。

〔註 31〕孫秀蕙，〈再現「現代女性」：日治時期《臺灣婦人界》的廣告圖像符號研究〉。

〔註 32〕〈我家的家計簿〉，《臺灣婦人界》1 卷 6 月號（1934 年 6 月），頁 76～86。

明使命的急先鋒。

圖 2　《臺灣婦人界》1 卷創刊號封面

## 第三節　《臺灣婦人界》的女性經驗與殖民現代性

　　殖民現代性之於女性經驗的雙面性，展現在女性能夠透過教育在體制位置上提升，成為現代社會的一員，但社會與國家對女性的投資，仍會在帝國擴張與軍事動員之時予以回收。如孫秀蕙曾指出《臺灣婦人界》的現代家事用品廣告皆象徵主婦的現代化訓練目標，鍊乳廣告強化銃後的母職〔註 33〕。對現代女性的打造與想像，和帝國的文化、軍事擴張乃是相輔相成，以下兩幅《臺灣婦人界》封面即是這種雙面性的具象化。

　　圖 3 的前景是一位高雅的婦女，她有著摩登短捲髮以及紅唇妝容，珍珠耳環及項鍊透露她的中上流的社會身分。她的雍容華貴與她身後黃澄澄的稻田相互輝映，畫面上緣朗朗晴空中的椰子樹葉則增添了閒適的熱帶風情。此畫的題目表明季節為冬天，但畫中卻是一派夏日氣息，暗示台灣是冬天也有

〔註33〕孫秀蕙，〈再現「現代女性」：日治時期《臺灣婦人界》的廣告圖像符號研究〉。

稻米收成的豐饒之島，透露出作者對長夏之國的南方想像。在女子身後，台灣總督府的中央高塔居高臨下俯視著整片的成熟稻米。稻米的豐收展示了農業振興的統治成果，支撐著一個富足的現代女性形像。圖 4 一樣以摩登斷髮女性爲描繪重心，她身穿時髦皮草大衣，眼光自信地流轉，脅下夾著一本標題貌似爲「生活」（Life）的英文雜誌，顯示現代女性不僅在物質生活上走在流行尖端，更是能閱讀西洋雜誌、擁有教養與品味的知識份子。此畫的題目提示讀者這位女子正在散步，這表示她在公領域的社會空間能行動自如，這身著西洋流行服飾昂首闊步行於都會街道上的女性，正是當時摩登女郎的代表性姿態〔註 34〕。在女子身後各爲兩個象徵性的符號，畫面右手邊可由窗格判斷爲代表都會文明的大廈建築，畫面左手邊則是一位著軍服軍帽並執劍的銅像，形影近似位於基隆火車站廣場的台灣首任總督樺山資紀之像〔註 35〕。此處與圖 5 俯視的總督府塔樓不同，呈現出銅像的背面，強調軍事力量做爲一道無形的屏障與先行的影響力。城內儘管歌舞昇平，摩登女郎自在地顧盼行走，卻無處不壟罩在銅像的背影當中。這兩幅封面描繪出現代教養與都會物質生活所建構的新女性標竿，也明示這蓬勃的現代文明來自殖民統治與軍事擴張的奠基。

在 1930 年代的台灣，都市文化發展、娛樂場所興起以及鐵路的興建提供了女性享受現代休閒生活的條件。《臺灣婦人界》刻劃了 1930 年代現代物質文明對女性生活方方面面的影響力，蓬勃的大眾媒體就是重要的物質象徵之一。女性雜誌對教育程度逐漸累積的女性識字族群而言，正是參與社會的一種新途徑。如同黃心村曾討論過張愛玲、蘇青等女作家如何在 1940 年代的上海開闢出別具一格的女性出版文化。她們意識到大眾的目光與新興媒體的影響力，樂於向社會展示自己生活的細節，在駕馭商業熱潮的同時也打造出女性知識份子的公眾形象〔註 36〕。從《臺灣婦人界》看來，大眾媒體也爲女性帶來了進入公領域的可能性以及女性共同體的想像。

從《臺灣婦人界》可觀察到攝影、電影、大眾媒體所推波助瀾的現代觀

---

〔註 34〕 The Modern Girl Around the World Research Group, *The Modern Girl Around the World: Consumption, Modernity, and Globalization*.

〔註 35〕 此像建於 1917 年，銅像並未執劍，但軍帽與軍服近似畫中所繪。尾辻國吉，〈銅像物語り〉，《臺灣建築會誌》9 輯 1 號（1937），頁 2～16。

〔註 36〕 黃心村，《亂世書寫：張愛玲與淪陷時期上海文學及通俗文化》（北京：三聯書店，2010）。

看文化浸透於女性的日常生活。《臺灣婦人界》每期皆刊載攝影輯，包括台日
名媛與傑出女性的照片，如作品甫入選帝國美術展覽會的女性畫家陳進，以
及在《臺灣婦人界》連載多部小說的女性作家柴田杜夜子〔註37〕。除了這些
指標性的女性形象，還有座談會、洋裁研究會等女性社會團體的活動紀實。《臺
灣婦人界》對女性公眾楷模的推行成果即表現在創立三周年所舉辦的婦女演
講會。講者涵括台灣與日本女性、主婦及職業婦女，講題從通婚、經濟到信
仰，大約都緊扣著殖民教育成果以及母職的主題〔註38〕。此外，《臺灣婦人界》
頻於以徵文爭取讀者的企圖也可讓我們一窺樣版形象以外的女性經驗。社方
曾就 1937 年成瀨巳喜男的電影《女人哀愁》懸賞徵求觀後感而獲大量女性讀
者的投稿，許多人有感於女主角欲脫出婚姻牢籠追求戀愛的信念，對婚姻制
度中女性自主與妻母之責的兩難表達同理〔註39〕。另外，《臺灣婦人界》從第
一卷便開設「人生諮詢欄」（身の上相談欄），徵集到各階層的女性讀者來信，
且篇幅逐漸增加，相當受歡迎。女性讀者來函訴說各自的身世背景與人生困
境，包括因東北農村疲弊來台而愛上有婦之夫的年輕女性、從廣島來台後受
盡欺侮的女給、愛上左翼份子而感迷惘的女性等等〔註40〕，並由後藤登美子
等回覆解答。「人生諮詢欄」做爲一個女性互相分擔困境、確認主體的媒介網
絡，浮現出女性結盟的想像共同體〔註41〕。

---

〔註37〕 陳進見《臺灣婦人界》1 卷 7 號（12 月號）（1934 年 11 月），攝影輯（無頁碼），
柴田度夜子見《臺灣婦人界》4 卷 6 號（1937 年 6 月），攝影輯（無頁碼）。

〔註38〕 〈本社創立三周年紀念　婦人講演會〉，《臺灣婦人界》4 卷 5 號（1937 年 5 月），
頁 36～43。

〔註39〕 〈女人哀愁　懸賞當選發表〉，《臺灣婦人界》4 卷 4 號（1937 年 4 月），頁 104
～108。

〔註40〕 直琴娘，〈妻ある男との戀に惱む〉，《臺灣婦人界》2 卷 5 號（1935 年 4 月），
頁 66；H 峯代〈女給の心を扶けて下さい〉，《臺灣婦人界》2 卷 6 號（1935
年 5 月），頁 96；山田千代子，〈女性として採る途は意地？愛？〉，《臺灣婦
人界》2 卷 5 號（1937 年 4 月），頁 62～65。

〔註41〕 日本報刊「人生諮詢欄」的發展從以十九世紀末《女學雜誌》所設的家庭之
友欄爲始，隨著大正年間《讀賣新聞》等擴大女性讀者群的企圖一同繁盛，《主
婦之友》、《婦人俱樂部》等起而繼之，在昭和初期博得極大人氣。女性來函
訴說婚姻或職業的決擇、貞操問題、丈夫施暴等身處父權家庭制度與二元性
別規範的苦惱，分擔討論彼此的困境。金子幸子，《近代日本女性論の系譜》
（東京：不二出版，1999），頁 206～247。《臺灣婦人界》亦設有「人生諮詢
欄」，不但請該刊一位女性撰稿人後藤登美子負責解答，更每周開放免費的會
面時間，供讀者與後藤氏促膝長談〈身の上相談係開設〉，《臺灣婦人界》5

圖 3 《臺灣婦人界》
2 卷 2 號封面

圖 4 《臺灣婦人界》
1 卷 7 月號封面

（〈冬空〉，市來シヲリ繪）

（〈散步〉（散策），榎本眞砂夫繪）

圖 5 　《臺灣婦人界》1 卷 6 月號封面

（〈薰風〉（薰る風），貴田成峯繪）

卷 5 號（1938 年 5 月），頁 115。這種女性透過報刊雜誌所凝聚的共同體，Sandra Reineke 以二戰後法國女性運動中，西蒙波娃及同時代的女性的寫作、文宣發行與雜誌的創辦為例，名之為「想像的女性情誼」（imagined sisterhood）。Sandra Reineke, *Beauvoir and Her Sisters: The Politics of Women's Bodies in France* （Urbana: University of Illinois Press, 2011）.

女性共同體的組成雖包含了不同地域、階級背景的女性，但從公領域的展示深入到私領域的細節中都可以觀察到一個典範化的過程。在「我家的家計簿」專題中，官吏、上班族、左翼文化人之妻以及藝旦等公佈各自的家庭生活與財務狀況並受女子學校教師的點評，左翼份子的家計簿則被認為非一般情況而不予置評〔註 42〕。在優生學富國強種的思想影響下，就連嬰兒也須經過選評。社方報導了嬰兒審查大會，就發育狀況、授乳方法裁定優劣，並擇優良兒童的母親進行採訪〔註 43〕。這個典範化的過程以不同階級、族裔、職業、年齡的女性為素材，嘗試生產出一種有現代教養、知識的中產階級賢妻良母。它透過女性典範的圖片與文字報導一再強化其成果，也會強調逸出規範的特例以突顯差異性。例如《臺灣婦人界》有許多關於藝旦的報導，她們可以是哺育子女的賢母或報國事業的參與者，但同時她們越軌的感情生活也成為媒體獵捕的奇觀題材〔註 44〕。《臺灣婦人界》觀看文化中除了女性透過大眾媒體自主展示來參與社會之外，也涉及了看與被看的權力關係和性別結構的規訓與劃界過程。

《臺灣婦人界》中可以看到許多能寫一筆流利日文的本島籍主婦、職業婦女與女學生〔註 45〕。社方在女學生專題、職場女性專題、一人一話欄、座談會、演講會以及學童的作文發表也都會納入本島女性的聲音。第一卷六月號由女性畫家貴田成峯所繪的封面便傳達出這種內台親善、內台融合的調

〔註 42〕　〈我家的家計簿〉，《臺灣婦人界》1 卷 6 月號（1934 年 6 月），頁 76〜86；田中しづ，〈我家の家計簿を拜見して主婦の心得たい家庭經濟〉，《臺灣婦人界》1 卷 7 號（12 月號）（1934 年 11 月），頁 119〜123。

〔註 43〕　酒井潔，〈赤ちゃん審査を行つて〉，《臺灣婦人界》1 卷 6 月號（1934 年 6 月），頁 74〜81。

〔註 44〕　關於藝旦幼良哺育三子的報導見〈大稻埕風景〉，《臺灣婦人界》2 卷 1 號（1934 年 12 月），頁 122〜126。大稻埕藝旦曾組織以報國事業為要旨的稻華會，見〈稻華會生る／開會の辭〉，《臺灣婦人界》3 卷 3 號（1936 年 3 月），頁 160〜165。藝旦梅幸的戀愛報導見花本喜雄，〈梅幸が學生と結ぶ狂戀繪卷〉，《臺灣婦人界》3 卷 10 號（1936 年 10 月），頁 196〜200。

〔註 45〕　如台籍女記者陳玉葉的入社感言。〈入社の辭〉，《臺灣婦人界》1 卷 9 月號（1934 年 9 月），頁 81。靜修女學校蘇金蕊的來信。〈女學生ルーム〉，《臺灣婦人界》1 卷 6 月號（1934 年 5 月），頁 60〜62。何純慎亦曾列表整理出部分台灣女性的來稿。有主婦、藝旦、產婆、看護婦、舞女、畫家等。何純慎，〈植民地統治下台湾における近代女性像の形成：『台湾婦人界』を中心に（テクスト分析）〉，《文化記号研究》第 1 期（2012 年 3 月），頁 88〜89。

性〔註46〕。此畫原名〈內台的少女〉（內台の娘）後改題〈薰風〉（薰る風），畫面中兩位少女各穿著日本和服與當時台灣女性喜好的長衫〔註47〕，雙方展現出親密互動的姿態。本島女性得以現身，在女性雜誌的公領域占有一席之地，也是經歷了典範化的過程。如第三高女范氏台妹希望能從事兒童教育，目標爲充實國民實力，獻身日本的進步發展〔註48〕。職業婦女柯劉氏蘭分享商店店員工作一天的充實。林氏碧珠表示自己未能向女學校升學，因此拼命讀書考上產婆執照的滿足〔註49〕。看護婦李氏丈甘則表示被男性譏諷不事生產，受到刺激而謀求自立。看護工作必須不斷進修，她身處兢兢業業的職場中仍期盼能重拾女性屬於家庭的溫暖〔註50〕。洪吳氏綉閱讀龍瑛宗〈植有木瓜樹的小鎮〉後開始思考中下階層本島女性的生活狀況是如何，並在婦女演講會上表示本島婦女若能在官民一致努力下早一日脫離禮教與家族制度的束縛，便能早一日達到合理的經濟生活〔註51〕。許多本島女性的撰稿皆表達出透過教育體系在體制裡晉升、在社會上自立的企圖。擁有日語能力、現代知識和教養是她們加入《臺灣婦人界》女性共同體的門票。〈薰風〉一圖中內台融合想像的前提，其實已爲本島女性設立了一個受過良好教育、中產階級現代女性的準則。

　　《臺灣婦人界》標舉現代女性典範的同時，台灣本地的傳統風俗則受到貶抑，該刊曾發表「臺灣再檢討」特輯，強調「爲了眞實的內台一致除去特殊狀況」〔註52〕。特殊狀況包括了買賣女性身體的查某嫺、媳婦仔、聘金跟

〔註46〕　〈次號の主なる内容〉，《臺灣婦人界》1卷創刊號（1934年5月），頁17。
〔註47〕　台灣女性對長衫的喜好見楊氏千鶴，〈長衫〉，《民俗臺灣》2卷4號（第10號）（1942年4月），頁24～26；又見洪郁茹，〈植民地台湾の「モダンガール」現象とファッションの政治化〉，收於伊藤るり、坂元ひろ子、タニ・E・バーロウ編，《モダンガールと植民地的近代：東アジアにおける帝国・資本・ジェンダー》（東京：岩波書店，2010年），261～284。
〔註48〕　〈卒業後の希望〉，《臺灣婦人界》1卷創刊號（1934年5月），頁60～65。
〔註49〕　柯劉氏蘭，〈夜更けの店番〉，《臺灣婦人界》1卷創刊號（1934年5月），頁95～96；林氏碧珠，〈秩序のスタート＝産婆の卷＝〉，《臺灣婦人界》1卷7號（12月號）（1934年11月），頁64～65。
〔註50〕　李氏丈甘，〈白衣に包む責任＝看護婦の卷＝〉，《臺灣婦人界》1卷7號（12月號）（1934年11月），頁66～67。
〔註51〕　洪吳氏綉進，〈一人一話・同性の爲に〉，《臺灣婦人界》4卷5號（1937年5月），頁49；〈本社創立三周年記念　婦人講演會〉，《臺灣婦人界》4卷5號（1937年5月），頁40～41。
〔註52〕　〈臺灣再檢討　眞實の內台一致の爲に特殊事情を除くせよ〉，《臺灣婦人界》

蓄妾制度、本島的婚葬儀式與漢醫、先生媽（接生婆）等〔註 53〕。社方更報導了針對台灣人社區大稻埕的生活改善運動，主張為了節約國家財政必須廢除迷信的祭祀與鋪張的喪葬儀式〔註 54〕，也提倡限制費用的結婚改善運動，廢止對良辰吉時的迷信〔註 55〕。一篇社論〈本島人婦女與家庭問題的種種像〉指台灣家庭常由昏昧無智的迷信老婦人把持，期許受現代教育的年輕人發揮教養，打造模範家庭〔註 56〕。一位曾出版《台灣宗教與迷信陋習》的民俗研究者曾景來專論被稱為紅姨的靈媒現象，鉅細靡遺地說明儀式程序，指責其中愚民與詐財的手法，以及對衛生醫療觀念的妨害〔註 57〕。《臺灣婦人界》刊旨中的「內台融合」是以現代化為普遍價值來實行同化，「破除迷信」則是對台灣傳統風俗的差異化與排除。這同化與差異化的對象除了台灣還包括了具有中國風情的滿州國。《臺灣婦人界》設有大連支局，該處也提供許多關於滿州國風俗民情的稿件。一位被稱為土俗研究家的竹下康國則介紹了滿州國的新年、元宵節等習俗與祭祀時程〔註 58〕。其他文章以真實故事（實話）為題，報導如中國官吏、富豪家庭內部三妻四妾與人身買賣的習癖，青島「極樂地」當中海洛因、鴉片中毒的女性〔註 59〕。另一方面，滿洲通信裡也報導了滿州連乞丐也要學習日語的狀況，以及日人和滿洲女子「戀愛親善」的共存共榮美談〔註 60〕。

　　　　　 3 卷 8 號（1936 年 8 月），頁 17。
〔註 53〕 王野代治郎，〈福利增進を阻害する社會疾患本島在来の陋習〉，《臺灣婦人界》3 卷 8 號（1936 年 8 月），頁 21～32。
〔註 54〕 〈本島人の生活改善運動を聽く〉，《臺灣婦人界》3 卷 8 號（1936 年月），頁 82～90。
〔註 55〕 宮崎直介，〈結婚改善運動の提唱〉，《臺灣婦人界》1 卷 10 月號（1934 年 9 月），28～30。
〔註 56〕 小野正雄，〈本島人婦人と家庭の種々相〉，《臺灣婦人界》5 卷 1 號，頁 20～22。
〔註 57〕 曾景來，〈不思議な紅姨の話〉，《臺灣婦人界》5 卷 4 號（1938 年 4 月），頁 103～107；曾景來，〈不思議な紅姨の話〉，《臺灣婦人界》5 卷 5 號（1938 年 5 月），頁 100～104。
〔註 58〕 竹下康國，〈滿洲國のお正月〉，《臺灣婦人界》2 卷 1 號（1934 年 12 月），頁 128～132；竹下康國，〈滿洲人と二月行事〉，《臺灣婦人界》2 卷 2 號（1935 年 1 月），頁 52～54。
〔註 59〕 宮川わい，〈支那大官・富豪家庭の裏面〉，《臺灣婦人界》1 卷 7 月號（1934 年 7 月），146～148；宮川わい，〈中毒の女〉，《臺灣婦人界》1 卷 10 月號（1934 年 9 月），頁 75～80。
〔註 60〕 竹下康國，〈滿洲だより〉，《臺灣婦人界》1 卷 10 月號（1934 年 9 月），頁 81～85；竹下康國，〈國境を越えて〉，《臺灣婦人界》1 卷 7 號（12 月號）（1934

　　約 1936 年中期開始,《臺灣婦人界》國防、軍事主題的文章增加,幾乎每期皆邀請軍方人士撰文,1937 年以後更加強調皇民化與日本精神,並大篇幅宣導女性的銃後支援使命。社方陸續發表女性銃後生活方針、防空演習的預備事項以及戰地訊息的報告。攝影輯刊載了祈禱皇軍勝利的銃後支援活動,電影介紹也從美國電影轉變爲《軍神乃木將軍》、《東洋和平之道》等日本國策電影〔註 61〕。國防婦人會會長發表社論表示廣義的國防是將國家意識浸潤於女性茶飯之事與日常生活〔註 62〕,女學生、職業婦女和家庭主婦在銃後動員中皆被分派了位置。社方向多位台日女學生募集對非常時局的感言,她們目送身邊的親友出征,前往瞻仰軍人的隊伍,編織著慰問袋並祈禱武運亨通〔註 63〕。在「如果成爲男子」的徵文中,職業婦女羨慕男性能夠成爲飛行員參戰,表示要與出征軍人共喜共勞,在大和魂於海外發揮的時刻於國內善盡大和撫子的義務〔註 64〕。爲了長期抗戰的準備,女性被鼓勵積極進入社會成爲勞動力〔註 65〕,亦有論者呼籲女性操作機械、進入軍需工業〔註 66〕。家庭主婦需做家政節約計畫,省下衣妝的支出,回收可用物資,實行儲蓄並達成最經濟的食物營養管理〔註 67〕。社方更舉辦「戰時的廚房問題」座談會討論燃料與米飯的調度分配〔註 68〕。《臺灣婦人界》也採訪了從中國歸來的總督府記者團,表示日本女性已深入中國實行親善,即使是從事性工作者都具

年 11 月），頁 51～59。

〔註61〕《臺灣婦人界》4 卷 10 號（1937 年 10 月），攝影輯（無頁碼）;〈軍神乃木さん〉,《臺灣婦人界》4 卷 12 號（1937 年 12 月），頁 68;〈東洋和平の道〉,《臺灣婦人界》5 卷 5 月號（1938 年 5 月），頁 72～75。

〔註62〕武藤能婦子,〈銃後女性の立場と決意〉,《臺灣婦人界》5 卷 1 月號（1938 年 1 月），頁 34～38。

〔註63〕〈熾んなり!女学生銃後の意気〉,《臺灣婦人界》4 卷 10 號（1939 年 10 月），頁 2～19。

〔註64〕〈あゝ男なりせば〉,《臺灣婦人界》4 卷 10 號（1939 年 10 月），頁 82～91。

〔註65〕土屋米吉,〈銃後の臺灣職業婦人界〉,《臺灣婦人界》5 卷 1 號（1939 年 1 月），頁 56～58。

〔註66〕〈機械を握る女性達　百%の能力發揮〉,《臺灣婦人界》5 卷 8 號（1938 年 8 月），頁 128。

〔註67〕黑田小梅,〈銃後に於ける時の節約〉,《臺灣婦人界》5 卷 3 號（1938 年 3 月），頁 16～18;〈銃後の婦人よ!これだけ守りませう〉,《臺灣婦人界》5 卷 10 號（1938 年 10 月），頁 113～115。

〔註68〕〈銃後のお臺所問題座談會〉,《臺灣婦人界》5 卷 10 號（1938 年 10 月），頁 66～80。

有國家意識與日本精神﹝註69﹞。

　　綜觀這些《臺灣婦人界》的社論、專題、徵文與報導，女性受教育、習得知識與自立能力、取得社會資源並成為公眾指標形象的現代化與典範化過程，也是對特定階級處境、性規範逾越者以及傳統民俗文化的揚棄。無論是身為家庭調度者的主婦或在家庭外掙得一席之地的職業婦女，女性成為現代社會一份子的企圖，亦使她們更便於為戰爭動員所用。殖民現代性對日治時期女性而言是一把雙面刃，一方面在衝撞傳統性別分工規範的時候能夠披荊斬棘，另一方面也將自己更加緊密地編織進帝國主義的運作軌跡當中。

# 第四節　《臺灣婦人界》小說創作概況

　　《臺灣婦人界》也是 1930 年代大眾發表文藝的一個平台。創辦人柿沼文明曾於發刊詞表示：「在島內寫小說的、喜愛繪畫的、詠歌的、做俳句的人相當多，然而卻沒有人眾性的發表機關。我想要就這類機關的欠缺之處，擔負起台灣文藝不興的重任」﹝註70﹞。社方徵稿的文類包括小說、短歌、俳句、詩、歌謠、隨筆、小品、童話、童謠、以及文字和插圖兼具的漫文漫畫﹝註71﹞。短歌、俳句與詩為固定欄位，每期都會有一定的篇幅。台灣女作家黃氏寶桃1934 至 1935 曾在此發表多首短歌、俳句，以及兩首新詩〈秋之女聲〉（秋の女の声）、〈霧雨〉﹝註72﹞。童話的發表量不定，主要有田村樹路（或作田邨樹路）、柿沼二三秋（柿沼文明）兩位。隨筆則隨機刊載，作者眾多，有濱田

---

﹝註69﹞〈新聞人の對岸遊記〉，《臺灣婦人界》4 卷 2 號（1937 年 2 月），頁 147～164。

﹝註70﹞柿沼文明，〈發刊の辭〉，《臺灣婦人界》1 卷創刊號（1934 年 5 月），頁 11～12。原文如下：「島内のも小説を書いたり、絵筆に親しんだり、歌を詠んだり俳句を作ったりする人は随分多い。だが之を大衆的に発表する機関がない。台湾に文芸が興らないといふのは、この機関の欠如している処に、負ふ事大であると思ひます。」

﹝註71﹞小說由西川滿選，短歌由柴山武矩、平井二郎等選，俳句由江上零零、山本孕江選，詩由西川滿、藤原泉三郎等選，俚謠由更家紀之子選，童話由西岡英夫選，漫畫漫文由榎本眞砂夫選，極短篇（コント）、實話、笑話則由編輯部綜合選編。〈懸賞原稿募集〉，《臺灣婦人界》1 卷創刊號（1934 年 5 月），頁 66。〈文藝懸賞募集・規定〉，《臺灣婦人界》1 卷 7 月號（1934 年 7 月），頁 164；〈讀者の原稿懸賞募集〉，《臺灣婦人界》4 卷 12 月號（1937 年 12 月），頁 106。

﹝註72﹞黃氏寶桃，〈秋の女の声〉，《臺灣婦人界》1 卷 10 月號（1934 年 9 月），頁 165；黃氏寶桃，〈霧雨〉《臺灣婦人界》1 卷 7 號（12 月號）（1934 年 9 月），頁 176。

隼雄、濱地文男等。此外，榎本眞砂夫曾發表一系列討論摩登男女的漫畫漫文，畫家藍蔭鼎亦曾爲該誌繪製〈南國春色〉、〈青空〉兩幅封面〔註73〕。

在小説方面，柿沼曾在編輯室報告中言及「小説類的應募相當多，對以大眾爲目標前進的本誌而言，是很大的鼓舞」〔註74〕。中島利郎並指出《臺灣婦人界》爲台灣在 1930 年代刊載最大量日語大眾文學的雜誌〔註75〕。該刊小説由西川滿擔任選編，「題材隨意、長短自由」；極短篇（コント）由編輯部綜合選編，「題材隨意、四百字原稿紙三張以內」〔註76〕，另徵求「四百字原稿紙五張以內」的小品〔註77〕。這些作品刊登在小説、入選創作、愛讀者文藝、極短篇（コント）等欄位，類型紛雜、質量不一，有些未完結便中止連載。中島利郎已選編十七部小説於《台灣通俗文学集》上下二卷〔註78〕。筆者擴大整理出《臺灣婦人界》小説作品目錄於本書附錄一〔註79〕。這些創作的作者背景各異，包括由內地寄稿的台日作家、旅台或在台內地人、以及本島人作家，許多未能得知身分。前面述及《臺灣婦人界》經常向讀者招募稿件，該刊作爲商業雜誌與通俗家庭讀物的性質，投稿門檻比起其他純文藝雜誌相對較低。編輯部還曾規劃「女流作家介紹號」募集本地在住女性的作品。後來計畫雖因故中止〔註80〕，但整體而言女性作家在比例上確實相當高。

在主題上，這些作品多關注女性婚戀、家庭與社會生活。中島利郎曾指《臺灣婦人界》創作多半是女性哀話，何純愼則注意到該刊的女性家庭小説〔註81〕。綜觀而言，筆者認爲《臺灣婦人界》小説有兩個大方向，一是女性形

---

〔註73〕 《臺灣婦人界》5 卷 3 號（1938 年 3 月），封面；《臺灣婦人界》5 卷 4 號（1938 年 4 月），封面。

〔註74〕 二三秋生，〈編輯室〉，《臺灣婦人界》1 卷創刊號（1934 年 5 月），頁 165。

〔註75〕 中島利郎，〈日本統治期台湾の「大眾文学」〉，《台湾通俗文学集一》（東京：綠陰書房，2002），頁 365。

〔註76〕 〈文藝懸賞募集・規定〉，《臺灣婦人界》1 卷 7 月號（1934 年 7 月），頁 164。

〔註77〕 〈讀者の原稿懸賞募集〉，《臺灣婦人界》4 卷 12 月號（1937 年 12 月），頁 106。

〔註78〕 中島利郎，《台湾通俗文学集一》、《台湾通俗文学集二》（東京：綠陰書房，2002 年）。

〔註79〕 爲讀者查閱方便起見，本書談及中島利郎《台灣通俗文學集》有收錄的《臺灣婦人界》文本，將以《台灣通俗文學集》爲主要引用來源；中島未收錄的文本才引用原史料的卷期及目次。每部作品被收錄與否、卷期目次等資訊於文末作品目錄中皆有詳載。

〔註80〕 〈女流作家紹介號豫告〉，《臺灣婦人界》3 卷 12 月號（1936 年 12 月），頁 88；〈編輯後記〉，《臺灣婦人界》4 卷 2 月號（1937 年 2 月），頁 166。

〔註81〕 中島利郎，〈日本統治期台湾の「大眾文学」〉，《台湾通俗文学集一》（東京：

象的塑造來描繪對文明的想像，二是透過女性生命史的書寫來討論相異文化的遭逢。本章先前已討論過《臺灣婦人界》訴諸體制而力爭上游的中產階級現代女性典範如何與殖民現代性緊密交織。在小說中，這表現為女性自主意志與封建婚姻、賢妻良母制度的拉鋸，以及女性身體與帝國經濟、文化體系的纏絆。小說中的女性處於弗瑞蒙所說文化的「接觸地帶、中間地帶、邊境與前線」，她們的身體是往往是現代／傳統、文明／落後等文化衝突的第一現場，也被殖民現代性層層的差異序列劃分出階級高低與文化優劣。

　　探討女性在婚戀、家庭體制中追尋自主的作品，有東京撰稿人大野倭文子的來稿〈天空是朱色的〉（空は紅い），以三位女校同窗畢業後個自成為摩登女郎與賢妻良母的經歷，討論女性兼顧母職與社會自立的可能性〔註 82〕。柴田杜夜子為台北醫院皮膚科醫師之妻，曾發表〈濁水之魚〉（濁水の魚）描述青梅竹馬的戀人因血緣關係無法結合，女主角如喪失自我的泥偶般在雙親策劃下相親結婚〔註83〕。〈泥靴〉描繪少女拒絕媒妁婚約，與三位青梅竹馬的青年從廣島逃至東京設法自立。最後叔叔藉警察的力量追捕而來，少女和青年跨越階級的戀情終於破碎〔註84〕。有津閑子〈沒有收件人的信〉（受取人不在の手紙）從易卜森（玩偶之家）（Henrik Ibsen, A Doll's House）中離家出走的娜拉（Nora）與契柯夫〈可愛的女人〉（Anton Chekhov, "The darling"）中沒有自我的歐蓮卡（Olenka）來思考現代女性的生存之道〔註85〕。水原良二〈留下這樣的信走了〉（こんな手紙を殘して行つた）以書信體訴說一位妻子發覺丈夫流連咖啡館後〔註86〕，開始思索傳統妻子角色之於女性的殘酷，最後離

綠陰書房，2002），頁 369；何純慎，〈植民地統治下台湾における近代女性像の形成：『台湾婦人界』を中心に（テクスト分析）〉，《文化記号研究》第 1 期（2012 年 3 月），頁 89。

〔註82〕大野倭文子，〈空は紅い〉，收於中島利郎編，《台湾通俗文学集一》（東京：綠陰書房，2002），頁 43～122。

〔註83〕柴田杜夜子，〈濁水の魚〉，收於中島利郎編，《台湾通俗文学集一》（東京：綠陰書房，2002 年），頁 265～275。

〔註84〕柴田杜夜子，〈泥靴〉，收於中島利郎編，《台湾通俗文学集二》（東京：綠陰書房，2002 年），頁 6～96。

〔註85〕有津閑子，〈受取人不在の手紙〉，《臺灣婦人界》5 卷 5 號（1938 年 5 月），頁 124～127。

〔註86〕當時有許多咖啡館是高雅的摩登消費場所，也有許多是被稱為歡樂街的性產業場所。〈臺北喫茶店巡り〉，《臺灣婦人界》1 卷 9 月號（1934 年 8 月），頁 72～80；陳望，〈淫賣、藝妓、女給（二）〉，《臺灣警察時報》第 255 號（1937

家出走的故事。小川清〈被腐蝕的家庭〉（蝕ばまれた家庭）同樣敘述一位妻子發覺丈夫迷戀上咖啡館女給，懷孕的她心灰意冷服藥墮胎，終於使得丈夫回心轉意〔註87〕。清香園子〈當局者迷〉（清香その子，〈燈臺下暗し〉）描繪一位摩登女郎的相親鬧劇，最後她捨棄相親宴席上眾多油嘴滑舌的摩登男性，選擇了青梅竹馬的樸實灣生青年〔註88〕。〈佛桑華〉由任職於大谷幼稚園、曾以「信仰與孩童」為題在婦人演講會登場的鳥居榕子所撰〔註89〕，敘述一位和尚與女信徒相戀，克服旁人目光結為夫婦的經歷〔註90〕。這些小說基於人格自主的理念，大都表達對自由戀愛的憧憬，或對女性在婚姻中角色的再思考。

《臺灣婦人界》小說也書寫身處社會各行業、階層，以及在不同階級、國界間移動的女性。黃寶桃〈巷之女〉（巷の女）敘述一位必須養家活口的私娼，被逮捕後丈夫自殺家庭破碎的慘劇〔註91〕。夢羅多〈紅色太陽〉（赤い太陽）描述女事務員失戀後卻懷孕，決心為了孩子重新站起的心路歷程〔註92〕。榛多忠喜知〈隱沒的生涯〉（隱れたる生涯）描寫一位女學生為幫助家計離開學校成為車掌小姐，始終對身處文明社會而未能升學耿耿於懷，最後勞病交加而死去〔註93〕。別所夏子〈航路〉敘述一位日本的藝旦婚後被夫家驅逐，來台後小孩又病逝。她搭上內台航船欲尋短，後受素昧平生的男子幫助決定重啟人生〔註94〕。花房文子〈兩個女人〉（女二人）描寫女學生從日本遠嫁朝鮮富商，後失婚攜子來到台灣，最後犧牲自己成全舊情人與同窗好友的姻緣〔註95〕。若本鳥子〈我的告白記〉（わかもと‧とり子，〈あたしの告白記〉）

年2月），頁45～50。

〔註87〕 小川清，〈蝕ばまれた家庭〉，《臺灣婦人界》2卷2號（1935年1月），頁159～167。

〔註88〕 清香その子，〈燈臺下暗し〉，收於中島利郎編，《台灣通俗文學集一》（東京：綠蔭書房，2002年），頁322～336。

〔註89〕 〈本社創立三周年記念 婦人講演會〉，《臺灣婦人界》4卷5號（1937年5月），頁39～40。

〔註90〕 鳥居榕子，〈仏桑華〉，收於中島利郎編，《台灣通俗文學集二》（東京：綠蔭書房，2002年），頁240～270。

〔註91〕 黃氏寶桃，〈巷の女〉，《臺灣婦人界》1卷10月號（1934年9月），頁117～118。

〔註92〕 夢羅多，〈赤い太陽〉，收於中島利郎編，《台灣通俗文學集二》（東京：綠蔭書房，2002年），頁277～283。

〔註93〕 榛多忠喜知，〈隱れたる生涯〉，《臺灣婦人界》3卷5號（1936年5月），頁90～94。

〔註94〕 別所夏子，〈航路〉，《臺灣婦人界》2卷11號（1935年10月），頁50～55。

〔註95〕 花房文子，〈女二人〉，收於中島利郎編，《台灣通俗文學集一》（東京：綠蔭

以女性自述的告白體形式發表了兩部作品，第一、二回描述灣生的女主角不滿任職事務所的保守氛圍，離台到大阪做咖啡館女給。她發覺同行中的賣淫風氣，趕緊尋計脫身，並努力學習縫紉技術，終於與一位灣生的刑警結爲連理，回台成爲縫紉師傅〔註96〕。第三回則將舞台拉到上海，描繪一位因家貧到上海工作的舞女與一位不能透露姓名的名流紳士的狂戀。最後紳士遭到暗殺身亡，目睹全程的舞女也身受一槍。〔註97〕榎本眞砂夫〈流轉──描摹殖民地某位女性的人生──〉（流轉──殖民地に描かれた或る女の人生──）描寫一位失婚女性從東京帶著女兒渡台尋找台灣人丈夫，沒想到夫家家族破產、丈夫不知去向、女兒患病，墮入風塵的她連女兒也不得不賣掉。多年後她輾轉從一個本島家庭找到女兒，重新教導日語跟禮儀，但女兒仍在六歲時因肺病死去。最後她重拾婚前曾擔任打字員的技術，從工作中找回希望〔註98〕。這些作品透露女性被婚姻、經濟、法律體制排除、交易而身不由己的移動，也傳達透過教育力爭上游的現代女性想像。

　　前述榎本眞砂夫〈流轉──描摹殖民地某位女性的人生──〉中描寫因移動而處於台日文化交鋒當中的女性。關於這種文化差異的書寫還有橋本尚夫〈永遠的愛〉（愛よとわに），以內地男性、內台混血兒女性、本島男性與本島女性四人的戀情發展彰顯出台日雙方在現代社會的競爭關係，最後結局是內地男性從本島男性手中奪得了混血兒女性。別所夏子〈葦分舟〉描述一位台英混血女性即將因媒妁婚姻嫁往中國，她一再強調自身的日本認同，批判英國人父親的勢利以及本島人母親的守舊，她出嫁的命運卻未能改變〔註99〕。陳華培的一系列書寫皆以台灣漢人傳統風俗爲主題，〈新娘風俗〉（花嫁風俗）描繪婚禮出嫁的儀式與隊伍，強調新娘和台灣傳統家庭舊習的

　　　書房，2002 年），頁 155～160。

〔註96〕わかもと・とり子，〈あたしの告白記（その一）〉，《臺灣婦人界》4 卷 8 號（1937年 8 月），頁 56～63：〈あたしの告白記（その二）〉，《臺灣婦人界》4 卷 9 號（1937 年 9 月），頁 66～75。

〔註97〕わかもと・とり子，〈あたしの告白記（その三）〉，《臺灣婦人界》4 卷 10 月號（1937 年 10 月），頁 35～39。

〔註98〕榎本眞砂夫，〈流轉──殖民地に描かれた或る女の人生──〉，收於中島利郎編，《台湾通俗文学集一》（東京：綠蔭書房，2002 年），頁 242～254。

〔註99〕別所夏子，〈葦分舟〉（第一回），《臺灣婦人界》6 卷 1 號（1939 年 1 月），頁118～126：別所夏子，〈葦分舟〉（第二回），《臺灣婦人界》6 卷 2 號（1939年 2 月），頁 103～111。

格格不入〔註100〕。〈母親〉（女親）描繪台灣大家族中受盡欺凌的孤兒寡母，兒子與人械鬥被警察逮捕，母親絕望地前往廟宇禱告〔註101〕。〈信女〉描繪受無名病之苦的女性，在長輩積極求神問卜下經民俗療法而治癒〔註102〕。〈男人的心情〉（男の氣持）以咖啡館尋歡、夫妻吵架等情節描寫台灣夫婦的家庭生活〔註103〕。〈十姊妹〉欲透過居於台灣各地的姊妹故事來描繪台灣大家族與各處風俗，但是剛開始連載便即中斷〔註104〕。《臺灣婦人界》小說的選編者西川滿鼓勵讀者以台灣爲素材創作〔註105〕，自身也發表了多部經營台灣情調的作品。〈城隍爺祭〉描繪台灣藝旦在大稻埕城隍爺祭典期間戀上一位畫家，最後被糾纏已久的流氓挾持而去的三角戀情〔註106〕。〈梨花夫人〉描述書生誤闖深山宅院，受到女主人的華麗款待，又揭破了她欲與天人永隔的丈夫相見所佈下的道術法陣〔註107〕。〈蘭人頌〉（蘭人の頌）中敘述者在法國回憶起與一位女子在舊砲台廢墟中遊戲的景物風光〔註108〕。上述的作家們各以不同的筆觸來處理台日的文化差異，但皆不免蘊含殖民現代性準則下文化優劣與前進／落後的評判，甚或國族主義意識形態的灌輸。

　　由於本書主要處理殖民現代性與女性議題，在整體大方向之外仍有許多零星主題的小說未能列入其中。如寫偵探小說的小島泰介〈屍婚〉從高雄港口附近廢棄的豪華宅邸帶出一椿情殺案件〔註109〕；茅野研一〈蒼白的夢〉

〔註100〕陳華培，〈花嫁風俗〉，收於中島利郎編，《台湾通俗文学集一》（東京：綠蔭書房，2002），頁310～321。

〔註101〕陳華培，〈女親〉，收於中島利郎編，《台湾通俗文学集一》（東京：綠蔭書房，2002），頁284～293。

〔註102〕陳華培，〈信女〉，收於中島利郎編，《台湾通俗文学集二》（東京：綠蔭書房，2002），頁217～239。

〔註103〕陳華培，〈男の氣持〉，收於中島利郎編，《台湾通俗文学集二》（東京：綠蔭書房，2002），頁6～96。

〔註104〕陳華培，〈十姊妹（その一）〉，《臺灣婦人界》6卷3號（1939年3月），頁102～109；〈十姊妹（その二）〉，《臺灣婦人界》6卷5月號（1939年5月），頁103～111。

〔註105〕西川滿，〈選後感想〉，《臺灣婦人界》1卷創刊號（1934年5月），頁134。

〔註106〕西川滿，〈城隍爺祭〉，《臺灣婦人界》1卷6月號（1934年6月），頁123～124。

〔註107〕西川滿，〈梨花夫人〉，《臺灣婦人界》4卷10號（1937年10月），頁60～66。

〔註108〕西川滿，〈蘭人の頌〉，《臺灣婦人界》4卷12號（1937年12月），頁35～37。

〔註109〕小島泰介，〈屍婚〉，收於中島利郎編，《台湾通俗文学集一》（東京：綠蔭書房，2002），頁29～42。

（蒼白い夢）描寫過去在東北家鄉參加漁業組合運動的左翼青年，來台後失落了理想而自覺墮落地周旋在娼妓和官吏千金之間〔註110〕；西川滿〈轟隆隆之奔流者〉（轟々と流るるもの）從一東北實業家家族的變遷來描寫東北與台灣，以及普羅運動席捲的大時代〔註111〕，等等。綜述了《臺灣婦人界》小說的創作概況後，接下來的章節，筆者將分別以「世界」、「民俗」、「帝國」的設題，選出具代表性的作品深入探討。

〔註110〕茅野研一〈蒼白い夢〉，收於中島利郎編，《台湾通俗文学集二》（東京：綠蔭書房，2002），頁 271～279。

〔註111〕西川滿，〈轟々と流るるもの〉，《臺灣婦人界》3 卷 3 號（1936 年 3 月），頁 27～38；3 卷 4 號（1936 年 4 月），頁 18～33；3 卷 5 號（天長節號）（1936 年 5 月），頁 115～127；3 卷 6 號（始政紀念號）（1936 年 6 月），頁 156～167；3 卷 7 號（1936 年 7 月），頁 54～164；3 卷 8、9 號（1936 年 8 月），頁 168～179；3 卷 10 號（1936 年 10 月），頁 130～141；3 卷 11 號（1936 年 10 月），頁 162～169；3 卷 12 號（1936 年 12 月），頁 90～100；4 卷 1 號（1937 年 1 月），頁 120～133；4 卷 2 號（1937 年 2 月），頁 111～122；4 卷 3 號（1937 年 3 月），頁 128～138；4 卷 4 號（1937 年 4 月），頁 14～24；4 卷 5 號（1937 年 5 月），頁 102～109。

# 第三章　世界的聲響：《臺灣婦人界》的女性創作

## 前　言

　　日治時期的女性雜誌，作為女性現代生活的指南與提供資源的窗口，揭示了提升女性社會地位、塑造文明女性的目標。在 1919 年創刊的《婦人與家庭》中，許多女性乘著日本女性解放思潮的湧動，撰文表達對既有家庭、社會性別結構的衝撞。本章所指「世界的聲響」，便是一種受到世界第一波女性主義運動以來自由主義、個人主義的感召，強調女性的人格解放，表現對現代物質文明的擁抱，傳達出女性走出家屋、進入社會、展望世界的期許。另一方面，當教育為各階層的女性打造了文明階梯，現代教養的訓練讓女性得以在公領域中成為標竿，這樣的典範化過程卻也突顯出對底層他者的凝視（gaze），欲排除他者以確立自主、文明的主體。

　　本章將以多位女性作家的作品為例來解析這種典範化過程中包納與排除的張力。首先，我分析《婦人與家庭》中北野里子 1920 年代的詩與散文，以及 《臺灣婦人界》中大野倭文子 1934 年的連載小說〈天空是朱色的〉（空は紅い）。她們的作品探討女性在走向現代的過程中，文明女性的主體想像與賢妻良母體制的衝突。再者，我檢視富士晴子、若本鳥子與花房文子三篇描寫咖啡館女給的創作，它們響應 1930 年代大眾媒體的「色情‧怪誕‧無意義」風潮，以女性現身說法的方式展演對底層女性的獵奇，挪用、展演底層女性他者，重新鞏固賢妻良母的主流價值。

　　最後，我討論台灣女作家黃寶桃描寫流鶯的小說〈巷之女〉（巷の女）。這篇黃寶桃尚未被發掘的小說，於 1934 年發表在《臺灣婦人界》。在此文中黃寶桃採取了感官性而渲染的現代主義技巧。這篇小說的出土可說是挑戰了過去研究對黃寶桃作品的社會寫實定位。不過，〈巷之女〉採用「色情・怪誕・無意義」的筆法，並不改其社會批判的力道。從感官性的午夜流鶯形象出發，黃寶桃以戲劇化的敘事轉折，揭露流鶯的生存處境，從他者的角度了底層女性的生命史，爲被刻板印象化的底層女性提出詮釋。

　　從菁英女性爬梳到底層女性的文本，本章嘗試勾勒出《臺灣婦人界》小說創作中不同主體位置的女性群像，以及她們如何回應 1920 到 1930 年代女性主義傳播、資本主義經濟崩盤的世界潮流。

# 第一節　矛盾主體：做爲世界人的新女性

　　女性雜誌的創刊及其讀者群的建立，與明治初期日本女性參政權、解放運動、文學活動的展開以及日本「新女性」的出現息息相關。明治初年，福澤諭吉等學者政要接受西方現代思想，以天賦人權論爲立基，主張對女性人格的尊重，爲女性解放思潮的嚆矢。在自由民權運動中，女性運動者岸田俊子等至各地就女性人權發表演說，福田英子設立「蒸紅學舍」，開啓以教育促進女性社會自立的門戶〔註 1〕。明治中期，具啓蒙意義的《女學雜誌》、具商業性質的《女學世界》與主張自由奔放美學的《明星》等各類雜誌相繼創刊，成爲爲女性評論家與創作者的舞台。1911 由平塚雷鳥（平塚らいてう）創刊、成員皆爲女性的雜誌《青鞜》，即爲明治以來女性解放思潮與女性文學集大成的代表性成果〔註 2〕。

　　1910 年代末至 1920 年代爲日本大量接受歐美女性啓蒙思潮的時期，不

---

〔註 1〕　ひろたまさき，〈文明開化と女性解放論〉，收於女性史總和研究會編，《日本女性史》第四卷近代（東京：東京大學出版會，1982），頁 1～40；山下悦子，《日本女性解放思想の起源──ポスト・フェミニズム試論》（東京：海鳴社，1988），頁 31～98。

〔註 2〕　紅野謙介，〈女性作家とメディア──「處女地」のひとびと〉，收於市古夏生、菅聡子編《日本女性文學大事典》（東京：日本図書センター，2006），頁 360～366；市古夏生、菅聡子編，〈日本女性文學年表〉，收於市古夏生、菅聡子編《日本女性文學大事典》（東京：日本図書センター，2006），頁 379～454。

同源流背景的女性論述在此時喧嘩交鋒。前述女性雜誌《青鞜》以易卜生（Henrik Ibsen）《玩偶之家》特輯爲第一響槍，從劇中女主角諾拉的覺醒，探討女性在父權婚姻制度與賢妻良母家庭制度下受到的雙重規範。「新女性」特輯譯介北歐思想家艾倫凱（Ellen Kay）《戀愛與結婚》篇章，主張新式戀愛成就平等的男女關係，是自我人格的發展與完成〔註 3〕。論者要求女性的離婚權與財產權，強調新女性的資格爲思想獨立與經濟自立。此類自女性參政權運動以來，以自由主義、個人主義爲基調的女性主義論述，散見《青鞜》專題與文學作品當中〔註 4〕。

延續上述明治時期的奠基，1918 至 1919 年間以《婦人公論》爲平台的「母性保護論爭」揭示了日本女性解放思潮的三個發展面向：與謝野晶子提倡的「社會自立」、平塚雷鳥著重的「母性保護」與山川菊榮主張的「社會主義女性論」〔註 5〕。與謝野晶子質疑「女人應有的樣子」（女らしさ）是限制女性人格發展的論調，以不能失去女人的溫順與母性爲由，將女性僵固在生育與輔助男性的分業上，使女性的教育機會與創造力受制。她認爲應正向看待「女子的中性化」，期許性別無差別化的社會，讓女性憑自由意志選擇作爲一個「人」的生活〔註 6〕。曾於《青鞜》登高一呼「原始女性是太陽」的平塚雷鳥，主張以挖掘女性潛在的才能爲目的，將女性從家的小天地中解放出來〔註 7〕。然而走過自身妊娠經驗後，平塚逐漸轉向對母性的重視與擁護。她認爲現有的勞動條件無法讓女性兼顧生育與事業，基於社會安寧與國家發展的義務，女性應尊重作爲生命泉源的母性〔註 8〕。山川菊榮指出兩者

〔註 3〕 Michiko Suzuki, *Becoming Modern Women: Love and Female Identity in Prewar Japanese Literature and Culture*（California: Stanford University Press, 2010）.

〔註 4〕 吉川豊子，〈『恋愛と結婚』「エレン・ケイ」とセクソロジー〉；長谷川啓〈〈新しい女〉の探求——附録「ノラ」「マグダ」「新しい女、其他婦人問題に就て〉，收於新・フェミニズト批評の会編，《『青鞜』を読む》（東京：學藝書林，1998），頁 243～268。

〔註 5〕 金子幸子，《近代日本女性論の系譜》（東京：不二出版，1999），頁 103～176。

〔註 6〕 與謝野晶子，〈「女らしさ」とは何か〉，收於《定本與謝野晶子全集》第 18 卷（東京：講談社，1980），頁 253～264。

〔註 7〕 平塚らいてう，〈元始、女性は太陽であった〉，收於平塚らいてう著作集編輯委員會編，《平塚らいてう著作集》第 1 卷（東京：大月書店，1983），頁 14～27。

〔註 8〕 平塚らいてう，〈いま一度母性保護問題について与謝野晶子氏に寄す〉，收於收於平塚らいてう著作集編輯委員會編，《平塚らいてう著作集》第 2 卷（東

的主張都是延續布爾喬亞階級立場出發的女性運動，自由解放並非取決於個人努力與否的層次，資本主義體制下的經濟剝削沒有改善，義務教育與照顧制度未能健全，兩方的論述皆爲空談〔註9〕。

「母性保護論爭」揭示了19世紀末以來自由主義女性主義訴諸的理性、平權、個人主義等概念傳播至日本，並與在地女性經驗互動的過程，這些理念也傳播到了殖民地台灣。《婦人與家庭》創刊號編輯通信中提及「今日時代思潮所生的一切婦女問題，也湧過了本島的岩壁。台灣的人呢？在台灣這樣的島國中又如何？對安穩美夢的追尋已不被容許，婦女也有個人的生命與純潔尊貴的人格」〔註10〕。與謝野晶子在《婦人與家庭》發表〈撤廢男女間的差別〉，以國際聯盟廢除人種差別爲例，強調女性做爲人的生存權，主張女性在法律上應與男性有一視同仁的保障；她也在〈婦女之力〉一文呼籲透過女性團體的成立，女性相互協助達成個人解放與自我實現〔註11〕。除了上述法律與社會層面的平權主張，《婦人與家庭》同時也宣揚女性從家庭中的解放。藤井夢路（藤井ゆめぢ），以激進的口吻批判許多男性娶妻僅是爲了找個女傭服侍生活，並直截了當地宣稱「沒有結婚的必要」，對年輕女孩呼籲「依循婦女解放運動，從因襲到覺醒、從自覺到實行……切斷奴隸性的束縛纜繩，因棄暗投明的歡喜而泣，聽見從戀愛到事業的呼喊」〔註12〕。在現代國家制度的主導與世界女性解放思潮的雙重影響下，《婦人與家庭》中同時並存著對現代女性家庭職責的強調與對新女性立足社會的鼓吹。曾在《婦人與家庭》發表多篇文字的女性詩人北野里子，便表達出在賢妻良母性別分野與文明世界新女性主體之間的矛盾與拮抗。

從北野里子在《婦人與家庭》發表的多篇新詩、散文與文學評論來看，她應是日本女性高等教育出身，曾於台灣居住。北野1920年的一首新詩〈心底的吶喊〉（心の底の叫びを），以象徵文明的電線，將自己定位爲廣大世界

京：大月書店，1983），頁360～373。

〔註9〕 山川菊榮，〈母性保護と経済的独立──与謝野・平塚二氏の論争──〉，收於鈴木裕子編，《山川菊榮評論集》（東京：岩波書店，1990），頁61～83。

〔註10〕〈編集だより〉，《婦人と家庭》1卷1號（1919年12月），頁86。

〔註11〕 與謝野晶子，〈男女間の差別撤廢〉，《婦人と家庭》2卷9號（1920年10月），頁4～5；與謝野晶子，〈婦人の力〉，《婦人と家庭》2卷12號（1920年12月），頁8～10。

〔註12〕 藤井ゆめぢ，〈斯くの如き男に掛るな忌むべき近代結婚の新傾向〉，《婦人と家庭》1卷12號（1919年12月），頁26～29。

的一份子：

　　在小小台北城的
　　冷冷青空
　　縱貫東西飛舞的電線

　　沿著這比紡線更細的線
　　人們的心遠遠迴響
　　向內地──向都心──
　　然後向世界各國──

　　聽阿，我正訴說著
　　向父親
　　向愛人，向世界的人們

　　風搖動著幾條電線
　　讓東西的心交會
　　嘿，同胞喲
　　今後大家來傾訴吧
　　那完全敞開的心底吶喊〔註13〕

縱橫飛舞的電線是文明的表徵，連結東方與西方，爲島嶼冷冷青空帶來光與熱。敘事者不只屬於「小小的台北城」，而能跨越地理上的疆界，從台北、帝國都心到世界各國。透過電線的串連，她的聲音能與父親、愛人和世界的人們交會。她的傾訴不是寂寞的獨語，而是對整個世界敞開胸懷，且盼望著迴響。她將自己定位爲世界公民，文明所及之處皆爲同胞，傳達平等博愛的信息。在這種以現代文明爲指標的世界主義（cosmopolitan）氛圍下，浮現出的是一個新女性主體。

──────────────────

〔註13〕北野里子，〈心の底の叫びを〉，《婦人と家庭》2卷2號（1920年2月），頁42。原文如下：「小さいな台北の街の、／冷たく蒼い空を、／西へ東へ走りまはっている電信線／このいとも細き線を伝うて、／人々の心が遠くひびく、／内地へ──都──へ、／そして世界の有る国々へ──。／ほら、いま話している、／父に／愛人に、世界の人々に。／風にゆれながら幾筋かの電信線が／西と東の心をかはしている。／さあ、同胞よ、／これからみんなで話そう、／ぐっと開いた心の底の叫びを。」

　　北野經常引述歐洲文哲思想，對性別有相當前衛的見解。她的社論〈從男性中心的藝術到女性中心的藝術〉延續前述與謝野晶子「女性中性化」的主張，提及現代文明女性教育與職業的發展，拉近男女兩性的差距而促成了新的「中性」，人人心中都有兩種性別的分裂與糾葛。

　　北野同時也主張一種印象派式的、片段化而不遮掩的風格，能夠將女性心情原原本本地揮灑而出，表達女性藝術的特質〔註14〕。她的散文〈我也是女人嗎〉（私も女だろうか）符合其文學觀，行文與思緒十分跳躍不拘。此文開頭寫道：

　　　　周圍的人稱我爲太太，寄來的書信寫著妳，妳無論如何都有個女字。

　　　　我或許也被看作是女人吧，他們對我說我像個女人……是阿，這件〔化粧〕用品裡放了粉，我想或許我也是個女人吧，不知不覺中就成了女人，多有意思。

　　　　我總有種不可思議的感覺。我是女人？我是女人！就這麼活著，活著──難以形容的不可思議。〔註15〕

她理解到女人的身分並非天生而是社會所建構，是透過文字、語言、裝扮、性別分業等秩序定義而來。然而下一段在澡堂中的敘述，卻又矛盾地表達出女性一己身體背叛的挫敗感：

　　　　我看見女人的身姿，看見豐滿的乳房，熱氣包覆的女人上半身，以及眼前女人的裸體……無論如何都與男人不同。

　　　　我洗好澡心情舒暢地走到外頭，濡濕的手巾冷了，街道昏暗。

　　　　「果然還是只能被圍限於家庭吧」我的心魂戰慄，垂著頭悲傷低語……彷彿可以聽到家庭之外那令人懷念的呢喃。我想到那令人懷念的天地，男人有國家、有社會、有事業，更有世界，而女人……

---

〔註14〕北野里子，〈男性中心の藝術から女性中心の藝術へ〉，《婦人と家庭》2 卷 2 號（1920 年 2 月），頁 29〜31。

〔註15〕北野里子，〈私も女だろうか〉，《婦人と家庭》1 卷 12 號（1920 年 2 月），頁 60。強調處爲原文所加。原文如下：「あたりの人は奥さん云ふ、人の手紙に貴女と書いてくる、貴女の女の字はなんである。／私でも女と見えるのかしらん、私に女らしいところといえば……、さうだこの道具入に白粉がいって居る、自分でも女と思ってるのか知らん、知らず知らずの中に、女となりすましてるのが面白い。／私は何だが不思議なやうな気がする。自分は女？、私は女！そして生きて居る。生きて──」

（〈私も女だろうか〉，頁 62）〔註16〕

北野里子嚮往成爲文明世界的一員，卻因身體「如何都與男人不同」而「被困在家庭」，失去在社會、國家揮灑的空間，以及和廣大世界的連結。賢妻良母體制分派給女性身體的任務，無法束縛她心靈上做爲世界人的自覺。她形容自己心中不斷呼喊自己亟欲書寫、傾訴的心緒：

> 即使拿起筆、展開稿紙，此刻的我終究沒寫出靈魂的語言。好想書寫，好想書寫，好想書寫我喜愛的事物。無法排遣的思緒眞的讓我流下了眼淚。我面對自己的孩子也能感覺到如此程度的眞實嗎？

（〈私も女だろうか〉，頁 62）〔註17〕

她表達對未竟事業的不甘。對她而言，從靈魂誕生的語言、思緒、眼淚，比起女性身體所孕育的孩子來的更爲眞實。北野的矛盾在於她並不認同後天建構的社會性別（稱謂、裝扮、賢妻良母職責），卻仍無法否認先天的生理性別（身體、妊娠），於是嘗試以「靈魂的語言」去超越被視爲與生俱來、源自身體的母性。結尾時她與其他女性讀者對話：「您也還是被不可抗拒的命運所支配，在成爲母親的十字路口上嗎？我衷心同情。」（〈私も女だろうか〉，頁 62）如同〈心底的吶喊〉一詩中她透過文明的電線敞開心懷吶喊，〈我也是女人嗎〉中的書寫則是她與他人（讀者）連結的契機，是她走出家庭加入世界行列的方式。身爲女性又自許世界人的她，如同自己社論所指出的一般，處於「女性身體」和「普遍的人類自主心靈」既重合又剝裂的十字路口當中。

從「母性保護論爭」到《婦人與家庭》北野里子的文章，都對賢妻良母體制提出詰問，找尋女性在文明世界裡的定位。天賦女性的權利、職責與展

---

〔註16〕原文如下：「私は女の姿を見た、フックリした乳房を見た、湯気につつまれた女の半身と、目の前女の全裸体と、……どうしても男とは異っている。／私は湯上りのいい気持になって外に出た、ぬれた手拭が冷たくなる、町はうす暗い『――矢張り家庭に限るのかしらん』私の魂は慄え乍ら伏目になって悲しい気に低語した。……家庭の外にも何だかなつかしいささやきが聞こえるやうである。なつかしい天地があるやうに思われる、男子にも国家があり社会があり事業がありさらに世界があるのだもの……女にだって……」

〔註17〕原文如下：「ペンを持ち原稿紙をのべてもこの頃の私はついぞ魂の言葉を書いたことがない、書きたい書きたい好きなものを書きたい、やる瀬ない思いがして眞に涙が出た。私は自分の子供に対してさえこれ程の眞実を感じ得るであろうか。」

望究竟是深耕家庭還是立足社會、放眼世界，對受過教育的菁英女性而言，這樣的探求是最切身且最政治的議題。從北野里子的作品中，筆者觀察到世界人的自由心靈與被束縛的女性身體互相齟齬，造成主體難以同一的矛盾。這種在不一致與辯證中的求索，也出現在下一節將討論的女性作家大野倭文子筆下。她試圖透過身處不同社會位置的女性主體的相遇，在彼此的衝突中協商，為女性在家庭內外迷失的矛盾解套。

## 第二節　異中求同：跨越身分的女性烏托邦

　　大野倭文子 1934 年在《臺灣婦人界》發表長篇連載小說〈天空是朱色的〉（空は紅い），描繪女子高等師範學校同窗朋友們畢業各奔東西後再度相遇，以主體位置各異的女性角色相逢、碰撞、對話來展開敘事，富含「身分地理」的辯證。大野倭文子是在東京活動的女性撰稿人，曾於《富士》、《讀賣新聞》等發表文章〔註 18〕。《臺灣婦人界》社方以「現代女流文壇的新太陽」形容之，表示「女史為了本誌，以新式戀愛為主題、交織了婦女運動家、女流作家、職業婦女等旨趣，捎來波瀾萬丈的大作」〔註 19〕。大野倭文子自謂描繪了一位「活蹦亂跳」（飛びはねる）的前衛女性。〈天空是朱色的〉中一位女主角千歲，身兼女性法學士、知名作家與社會運動者，且即將代表日本渡歐參加萬國婦女大會，種種描繪皆近似大正年間曾訪台的女性運動者北村兼子，可推測大野以北村為摹寫對象。

　　北村兼子曾攻讀關西大學法學科，出版《怪貞操》指出男性對職業婦女貞操的批評阻礙女性進入社會，引起猛烈爭議，又於 1929 年作為日本代表參加柏林召開的萬國婦女參政權大會。1930 年，北村受婦人每日新聞社台灣支局邀請，二度旋風式訪台，就女性參政議題巡迴各地演講，前後拜訪板

---

〔註 18〕 1929 年大野倭文子曾於東京《富士》雜誌撰稿，也於同年《讀賣新聞》發表社論〈致知識階級婦女〉之社論。大野倭文子，〈謎の麗人——黑い瞳に祕められた清麗な憧れの偶像とは？〉，《富士》2 卷 11 號（1929 年 11 月），頁 70～91；大野倭文子，〈知識階級の婦人へ〉，收於明治大正昭和新聞研究会編，《新聞集成昭和編年史》（東京：新聞資料出版，1989），頁 304。1931 年則在《糧友》發表小說。大野倭文子，〈街の湯賣り〉，《糧友》6 卷 9 號（1931 年 9 月），頁 104～114。此處特別感謝吳佩珍教授協助取得資料。
〔註 19〕 大野倭文子，〈空は紅い〉，收於中島利郎編，《台湾通俗文学集一》（東京：綠陰書房，2002），頁 43。

橋林熊徵、台中林獻堂的宅邸，主要交流對象多爲資產階級菁英民族運動者〔註20〕。她曾在《新臺灣進行曲》中描述來到台中演講的情形，「由於台中是無產主義者盤據的地方，奚落聲多提問者少」〔註21〕，透露北村在台灣並未受到左翼運動者的歡迎。大野倭文子與北村兼子曾經共同爲《富士》雜誌撰稿〔註22〕。大野在《臺灣婦人界》發表作品的緣由，可能是爲回應北村兼子訪台一事，並藉北村兼子的形象，塑造出一個得天獨厚的自由主義者菁英女性，將時代尖端的女性和在社會陰影下掙扎的女性兩種位置相互對照，點出前衛女性觀點的菁英本質和一般女性大眾的差距。

　　〈天空是朱色的〉以東京爲舞台，採戲劇腳本式的寫作風格，富含大量空間、對話與人物動作。小說開頭描繪光鮮亮麗的摩登女郎榊千歲與落魄的賢妻良母水並文子，相遇於夕陽下光輝的銀座街道。千歲一身西洋勁裝，「甩開計程車、不疾不徐翩然落地」。她的雙腿「恣意闊步而又開」，「新鞋踩在乾燥步道上的觸感，是與平時不同的爽快」。千歲走在時代的尖端，過著活躍的日子。相對的，因爻大荒淫生活而左支右絀的文子，帶著女兒神情憔悴的站在銀座的玻璃櫥窗前。千歲領她到摩登男女聚集的咖啡館敘舊，文子面對過往同窗，泫然欲泣地自道過了多年毫無價值的歲月。千歲心中暗想：「同在這個東京，竟有女人過著如此陰鬱、如濕地苔蘚般的生活……？」（〈〈空は紅い〉，頁 44～47）〔註23〕。

　　這段最初的描述，將兩位女性所處位置呈現兩造對比。作者運用洋裝、高跟鞋、汽車等現代物質符號以及銀座街道、咖啡館等現代空間符號，以對西方現代物質文明的駕馭，標示出摩登女郎千歲的現代女性認同。千歲駕輕就熟地穿梭在銀座街道上、旁若無人地進出咖啡店，以這兩處深具指標性、充滿機會與開展性的現代都會空間爲踏板〔註24〕，走向更廣闊的世界。然

---

〔註20〕 見大谷渡，《北村兼子──炎のジャーナリスト》（大阪：東方出版，1999）；大谷渡著，林雪星譯，〈北村兼子與台灣〉，收於吳佩珍編，《中心到邊陲的重軌與分軌：日本帝國與臺灣文學・文化研究》（台北：國立臺灣大學出版中心，2012），頁 63～102；大谷渡著，葉雯琪譯，〈北村兼子與林獻堂〉，收於吳佩珍編《中心到邊陲的重軌與分軌：日本帝國與臺灣文學・文化研究》（台北：國立臺灣大學出版中心，2012），頁 103～137。

〔註21〕 北村兼子，《新台灣進行曲》（東京：ゆまに書房，2002 年），頁 70。

〔註22〕 大日本雄弁会講談社，《富士》2 卷 11 期（1929 年 11 月）。

〔註23〕 原文如下：「こんなじめじめした、濕地の苔のような女の生活が……、この同じ東京にもあるのかしら？」

〔註24〕 Harry Harootunian 關於日本近代文化史的研究中指出，自江戶時代開始，與

而，即便千歲擁有諸多事業上的成就，觀者所欲窺視的永遠是她那難以被掌控的性與性慾。她投身婦女運動的報導被刊載在報紙的八卦欄，「做為萬國婦女大會的代表，她的艷容在流言蜚語的漩渦中被傳送到遙遠的異國」（〈空は紅い〉，頁 51）〔註 25〕。千歲以一抹紅唇與香菸的紫色煙霧主動魅惑咖啡館裡年輕的歸國音樂家。對方先把她誤認成陪人散步賺取金錢的伴遊女郎，又擔憂傷及自身名譽而拒絕千歲的邀約。逸脫於賢妻良母體制的千歲，飽受媒體與觀眾的惡意注視。千歲的成就感總是來自於以性慾征服男性。她主張把精神性的現代戀愛觀念世俗化為物質性的價值交換，利用她的女性魅力與商業謀略周旋在上流社會與資本家之間，為留學歸國的男性知識份子引介資源介紹工作。男性需低聲下氣委身於她才能保住飯碗，轉過頭卻又亟欲與她撇清關係。左翼自由勞動者組織試圖以美男計延攬她入夥，此舉不但未果還促成千歲與幹部的一段風流韻事，使「神聖」的工人運動染上桃色。她的性使她如同脫韁野馬，無法被任何團體給套住。但看似自由的她，卻永遠只能以性來達到目的。菁英女性以物質文明的駕馭建構女性魅力，她的「性」卻也被放大檢視，以致性慾上的征服成了她自我實現的唯一手段。在大野倭文子的描繪中，千歲具有知識與階級優勢，同時又身為性別上被排斥的他者，浮現出一位女性的矛盾主體。

另一方面，賢妻良母文子被時代所拋棄。她在銀座街道上與咖啡館裡始終惴惴不安，帶著女兒穿越汽車道的景象險象環生，被千歲形容為「破廟裡的神」，暗指被舊時代供奉在家屋裡的賢妻良母形像已與現代生活格格不入。她的丈夫具有從政抱負卻理想破滅，靠文子變賣嫁妝荒淫度日，並威脅文子娘家，需索無度。文子雖然受過現代教育，一面對暴虐丈夫「她所有的教養、聰明的理智都悲慘地煙消雲散」（〈空は紅い〉，頁 60）〔註 26〕。家人不斷勸她離婚，文子為了維持父母雙全的家庭，堅持苦等丈夫回頭。眼見米錢及房租捉襟見肘，她因育兒無法求職，只能另接縫襪子的副業賺取微薄補貼。文子

---

家屋所象徵地的固著、秩序與壓迫對比，街道顯現出各種價值觀與經驗的交匯，是代表行動力、獨立與自我實現的空間。Harry Harootunian, *Overcome by Modernity: History, Culture and Community in Interwar Japan*（New Jersey: Princeton University Press, 2000）, pp20～21.

〔註 25〕原文如下：「万国婦人大会の代表として、その艷姿を、遥かな異国にまでも運ぶとか噂の渦中にある、彼女であった。」

〔註 26〕原文如下：「彼女の教養、聰明な彼女の理智は、無惨にも消し飛ばされてしまうのてある。」

與千歲分別後，在泥濘路上背負著女兒，腳步踉蹌，想起千歲事業上的成就，對自己的落魄感到黯然。然而，自認舊式婦女的她，為了孩子堅守賢妻良母價值，是她嚴酷生活的唯一安慰。最後她終於因過度勞動身體而病倒。文子謹守妻母之職，在性別上拒絕逾越規範，以致落入經濟困局，成了無產階級。作者透過文子的形象，塑造另一種女性的矛盾主體。

　　對這兩位兩極化的女性角色，作者的目光參雜了嘲諷與同情。透過雙方的相遇情節，作者揭示不同社會位置女性的處境，也藉由第三位女主角關明子的居中交涉，呼出一個女性同盟的理想。當文子病臥於房中時，女高師的學姐明子帶來千歲的口信。千歲要介紹文子至藥草培養所任專職，並建議明子招募職業婦女的孩子，設立由女性經營的兒童托育事業，讓女性可同時兼顧養兒育女與社會自立。與千歲同樣自許摩登女郎的明子，喜愛化妝打扮，表示對物質文化的追求可訓練孩子的經濟頭腦。她稱自己是避孕論者，又表示自己要經營托育事業，也有與生俱來的母性感情。在明子的鼓勵下，文子走出家屋，兩人在電車上、路途間深入晤談。在這一進一出中，家屋與街道、社會、世界得以串連。不同階級、背景女性的人生經歷、賢妻良母體制中逸脫者與被束縛者的處世態度，得以互相討論激盪、交鋒。從三位角色的相遇重逢中，作者期許女性能結為同盟，讓不同主體位置的女性能兼顧母職與社會自立，回應日本女性解放思潮中「母性保護論爭」的論題。她筆下女性的生命出路，是透過不同主體位置一來一往的衝突磨合，協商出一個在不同體制間處於邊緣的女性得以相互同理乃至安身立命的天地，一個在男性社會之外、作為豐饒邊境的烏托邦。

## 第三節　同中求異：「色情・怪誕・無意義」的獵奇與回眸

　　前兩節所討論的文本，描繪出女性自覺思潮中與既有體制磨合的女性共像。無論是爭取婚姻自主與社會自立的新女性，或是透過商品自我培力（empower）、逾越性規範的摩登女郎，都是乘坐在現代化浪頭中的菁英女性。不過在《臺灣婦人界》女性創作中還有另一群女性的樣貌。她們所在的陰暗處並不是家屋，而是社會體制更邊緣的角落，此即為咖啡館女給與娼妓。前一節分析的是文本之內不同女性角色在各主體位置間協商，在異中求同想像

出女性情誼的烏托邦，本節則要探討同樣書寫底層他者的女性作家，如何在文本之外激辯對話。以下將討論《臺灣婦人界》中富士晴子、若本鳥子、花房文子與黃寶桃的四篇創作，她們的書寫皆聚焦於從事性產業的底層女性，但黃寶桃卻透露與前面三位相當不同的旨趣。

在《臺灣婦人界》的創作中，咖啡館是一個重要的空間，經常與「色情、怪誕、無意義」（エロ‧グロ‧ナンセンス、Erotic‧Grotesque‧Nonsense）這組流行語連繫在一起。咖啡館在日治時期的台灣是具有多重象徵的文化符碼。垂水千惠曾指出日治時期左翼作家王詩琅筆下的咖啡館被描繪爲左翼階級運動的對立面，成了一種扁平而負面的現代性符號，忽略其中底層女性的勞動狀況，以及咖啡館作爲相異主體交流空間的機能〔註 27〕。星名宏修亦從徐瓊二〈島都的近代風景〉的舞廳與咖啡廳點明城市裡表面虛華與內部貧困處於一線之隔的「複數現代性」〔註 28〕。從大正年間到昭和初年，咖啡館「從文化的沙龍轉變成色慾的殿堂」〔註 29〕。如同〈天空是朱色的中〉千歲與文子前往銀座文人雅士聚集的咖啡館，大正時期的咖啡館是高雅場所，穿著白圍裙的女給是學生與知識份子們追求摩登、體驗戀愛的途徑。1923 年關東大地震後，大眾化的咖啡館在傾頹的焦土上如雨後春筍般林立，逐漸成爲提供性服務的風俗產業。隨著 1929 經濟大恐慌而來的失業潮，無法回到貧困農村的中下階級女工在都市裡成爲咖啡館女給，農村貧家的女兒被賣至娼寮，已婚婦女爲維持家庭生計，也紛紛投入此行。昭和初年「色情‧怪誕‧無意義」這獵奇、炫奇的流行正有此黯淡的背景〔註 30〕。「色情‧怪誕‧無意義」一詞源自於川端康成 1929 年連載的小說《淺草紅團》。其中對女性歌舞秀、娼妓、流浪漢、不良少年少女等淺草風俗文化的描寫，引起一陣淺草熱〔註 31〕。1930 年「色情、怪誕、無意義」成爲日本媒體經常使用的套語，許多刊物以此詞

〔註27〕 垂水千惠，羅仕昀譯，〈東京／台北：透過 café 的角度看普羅文學與現代性〉，收於吳佩珍編《中心到邊陲的重軌與分軌：日本帝國與臺灣文學‧文化研究》（台北：國立臺灣大學出版中心，2012），頁 243～264。

〔註28〕 星名宏修，〈複數的島都／複數的現代性──以徐瓊二的〈島都的近代風景〉爲中心〉，《台灣文學與跨文化流動‧東亞現代中文文學國際學報》第三期台灣號（2007 年），頁 177～196。

〔註29〕 斎藤美奈子，《モダンガール論》，頁 115。

〔註30〕 山下悅子，《日本女性解放思想的起源──ポスト‧フェミニズム試論》（東京：海鳴社，1988），頁 141～157。

〔註31〕 Miriam Silverberg, *Erotic grotesque nonsense: the mass culture of Japanese modern times*（Berkeley: University of California Press, 2006）.

彙報導色情咖啡店、變態性慾、奇風異俗、殺人事件等強烈感官刺激的題材〔註32〕。在一般的定義下,「色情、怪誕、無意義」風潮代表關東大地震、資本主義經濟侵略又崩盤後農村凋敝、都會失業潮、左翼活動受到鎮壓等種種不安的氛圍下,社會興起一股追求頹廢享樂的風氣。異色詭奇的出版品爭相現於世面,成為人們在恐慌與虛無當中的麻醉劑〔註33〕。

　　如前述星名宏修曾以「色情、怪誕、無意義」形容徐瓊二〈島都的近代風景〉中舞廳裡以壁紙、海報、舞女、爵士樂等拼貼而成的「摩登光景」〔註34〕,此一風潮往往被連結到現代都會的浮面表向。然而,此一題材其實深刻地刻劃出被屏除於現代理性世界之外的逸脫者與邊緣人。川村光邦即指出「色情、怪誕、無意義」的獵奇風潮源於大正時期性科學與心理學對「變態」概念的興趣,是分別正常/不正常、理性/非理性、現代/前現代的手段,劃定甚至創造出他者的邊緣性,予以排除、隔離或以理性馴化之,尋求自身的正常性〔註35〕。西爾弗伯格(Miriam Rom Silverberg)則認為「色情、怪誕、無意義」文化拓展了現代「性」的定義與框架,其中性邊緣者奇詭、猥瑣、犯罪的光景,突顯對經濟大恐慌下社會不平等的警覺,為邊緣群體提出抗議,批判現代性排除他者的暴力〔註36〕。雙方的觀點各探討了「色情・怪誕・無意義」風潮保守與激進的兩面,本節要討論的文本皆與「色情・怪誕・無意義」的流行相關,亦表現出上述的兩面性。

　　在 1930 年代台灣的大眾媒體上,《臺灣日日新報》以「色情、怪誕、無意義」一語來形容各式社會案件,包括精神錯亂者、情殺慘劇、同性愛、雙性人奇聞等〔註37〕。在《臺灣婦人界》上,提供性服務的咖啡館女給則成為

〔註32〕 米沢嘉博、高橋洋二編,《乱歩の時代:昭和エロ・グロ・ナンセンス》(東京:平凡社,1995)。

〔註33〕 《日本大百科全書》詞條:【エロ・グロ・ナンセンス】。http://japanknowledge. com/library/,2014 年 4 月 10 日查閱。

〔註34〕 星名宏修,〈複數的島都/複數的現代性－以徐瓊二的〈島都的近代風景〉為中心〉。

〔註35〕 川村光邦,〈日常性/異常性の文化と科学:脳病・変態・猟奇をめぐって〉,收於小森陽一編,《岩波講座近代日本の文化史〈5〉編成されるナショナリズム》(東京:岩波書店,2002),頁 83～117。

〔註36〕 Miriam Rom Silverberg, *Erotic grotesque nonsense: the mass culture of Japanese modern times.*

〔註37〕 〈眞夏の午後のエロナンセンス精神錯覺者の無錢遊興〉,《臺灣日日新報》1932 年 8 月 12 日夕刊第 2 版:〈エログロ埋葬の情死體から女の死體を攫ふ

「色情、怪誕、無意義」的醒目標籤，咖啡館裡的爵士樂、女給們的調笑、脂粉的香氣出現在許多作品當中，如岡田三郎〈明暗婦人戰線──女給之卷〉（明暗婦人戰線──女給の卷──）、陳華培〈男人的心情〉（男の氣持）等〔註38〕。本文聚焦的女性創作者中也有多位描繪這種現象。女記者富士晴子〈深夜蠢動台北的側臉〉（深夜に蠢く臺北の横顏）一文以「色情與怪誕交織的街道探險」為副標題，表示「年輕純潔少女如我，想要嗅嗅臘月的台北市內那深夜的氣息」〔註39〕。她刻意打扮成高尚的小姐，從西門溜搭到萬華、大稻埕，看見衣帶鬆脫的女給被男客攙扶而出，又進入大稻埕某間咖啡館，與一位穿長衫的女給愛子交談。愛子自述在旅行廈門時被討厭的男人奪去了貞操，而成了女給。聽她平靜說出自己非處女之身，敘述者目瞪口呆，在心中稱讚她歡樂街裡求生的勇敢，又記述一段女給們調笑的歌聲，唱著「做女人真沒意思」（〈深夜に蠢く臺北の横顏〉，頁 61）。然而，聽到這觥籌交錯之聲，她感到一刻也待不下去，匆匆與愛子告別。這篇文章中的咖啡館，是邊緣者與獵奇者兩種相異主體交鋒的場所。富士晴子一開始刻意強調自己的「純潔」、「高尚」，表示出面對底層世界的強烈武裝。與愛子相處的過程中，她不斷強調中產階級、貞潔自我與底層階級、墮落他者的分野，她的同情也是建立在這異己的差距之上。

　　富士晴子筆下女記者與女給的相遇突顯相異主體的身分界線，若本鳥子的故事則描繪上班族女性成為女給後又嫁為人妻這段主體位置流動的歷程。若本鳥子〈我的告白〉（あたしの告白記）中在事務所工作的灣生女主角，僅能在男性職場中做些倒茶掃除的瑣事，想追求自由交際的現代生活，卻備受千夫所指，最後她被公司以「不良少女」為由資遣。她一氣之下遠渡內地，落腳於大阪的飛田遊廓，頂著厚厚的妝容成為一名咖啡館女給。每夜送走客

大磯署が犯人を嚴探〉，《臺灣日日新報》1932 年 5 月 12 日，夕刊第 2 版；〈盜んでは浸る　罪の男色變愛　意外！　獵奇家の中に知名の士　老練刑事の手に罪狀暴露〉，〈花蓮水港電話　厄介な後家兩性らしい〉，《臺灣日日新報》，1934 年 7 月 11 日，夕刊 2 版。

〔註38〕岡田三郎，〈明暗婦人戰線──女給の卷──〉，收於中島利郎編，《台湾通俗文學集一》（東京：綠蔭書房，2002），頁 123～144；陳華培，〈男の氣持〉，收於中島利郎編，《台湾通俗文學集二》（東京：綠蔭書房，2002），頁 97～166。

〔註39〕富士晴子，〈深夜に蠢く臺北の横顏〉，《臺灣婦人界》2 卷 10 號（1935 年 1 月），頁 55。原文如下：「若き女性であり、乙女である私が師走の台北市內の深夜のいぶきを嗅ぎに出ようといふのです。」

人後,還要帶著脫落的脂粉洗衣打掃,才能在瀰漫異味的擁擠閣樓裡睡下。
不久她以女學校畢業的知識份子身份成為紅牌,進入大阪精華地段道頓堀的
上流咖啡館。某日她發現賃居同一屋的同事照子暗藏性病藥品,她的初夜還
差點被以五十元賣給客人,才開始計謀脫身,同時努力學習縫紉技術,終於
找到對象結婚回台,成為領有十個子弟的縫紉師傅〔註 40〕。此文從中產階級
的視角出發,深入底層女性勞動者的生活。咖啡館閣樓女給住處的擁擠如同
楊逵〈送報伕〉中派報所閣樓的女性版本,同樣描繪出被剝削暗無天日的生
活。然而,敘事者透過與賣淫同事照子之間的對照,強調知識份子、貞潔女
性的自我,將底層女性與非道德上等號。故事最後女主角迷途知返,感嘆唯
有家庭才是女人的歸處,將女性的自我追求及性逸脫者的姿態,收歸賢妻良
母的典範。

　　咖啡館作為天涯淪落人的去處,與台灣作為帝國蠻荒的邊緣位置有異曲
同工之妙。阮斐娜指出男性文人佐藤春夫因戀情受挫到南方尋求療癒〔註 41〕,
逸出賢妻良母體制規範或威脅父權秩序的女性則被驅逐來台,「台灣是不幸
以及遭欺凌者所逃亡的偏僻海島」〔註 42〕。在花房文子〈兩個女人〉(女二
人)中,森山與幸子在內地是一對情侶,然而幸子與朝鮮富豪之子結婚,森
山失戀遠渡台灣。他被輕浮的同事們拉到台北某間咖啡館找樂子,意外與幸
子重逢。他忍不住痛罵幸子賣淫女人,也疑惑她成為女給的緣由。原來幸子
嫁到朝鮮後發現對方已有妻兒家室,痛下決定攜子來到台灣,遇見學生時代
就戀慕森山、追隨他來台卻染上重病的好友美子。幸子一邊在咖啡店工作一
邊照顧美子,終於遇到森山,便留了一封信表示成全兩人,自己攜子和森山
同事私奔。這篇小說以懸疑的筆法,試圖為浮面化的咖啡館女給形象注入血
肉,也描繪兩位女性從日本中產階級女學生的位置下滑到地緣與階級的邊
陲,彼此相濡以沫的情誼。然而,故事結尾仍不免透露賢妻良母主義的道德
教訓意味。幸子對森山道:「請把我這個愚蠢的女人捨在路邊,去拯救美子

---

〔註40〕 わかもと・とり子,〈あたしの告白記(その一)〉,《臺灣婦人界》4 卷 8 月號
　　　　(1937 年 8 月),頁 56～63;〈あたしの告白記(その二)〉,《臺灣婦人界》4
　　　　卷 9 月號(1937 年 9 月),頁 66～75。
〔註41〕 阮斐娜,吳佩珍譯,《帝國的太陽下:日本的台灣及南方殖民地文》(台北:
　　　　麥田,2010),頁 126。
〔註42〕 阮斐娜,吳佩珍譯,〈目的地台灣!——日本殖民時期旅行書寫中的台灣建
　　　　構〉,《台灣文學學報》第 10 期(2007 年 6 月),頁 57～76。

吧」〔註43〕。她「女學生」與「移民女性」的性道德墮落形象〔註44〕，是封建婚姻體制的犧牲者與逃脱者，在逸軌之後卻仍選擇贖罪式的自我放逐，繼續懲罰逸脱於貞操規範的自己。而始終如一守著森山的美子，則得到歸宿重啓新的人生。

　　這三篇創作假女性間經驗分享與互訴過往的形式，展現對底層生活的獵奇目光，表達同情卻也小心翼翼地劃分異己，以貞操道德譴責底層社會的性逸脱者。情節又往往順應賢妻良母主義所期許的救贖模式，以底層世界遊一遭，獵奇後歸來重回中產階級做收尾。如弗瑞蒙所指出，支配者才擁有展演被支配者的他者的權力，上述文本中女性們跨越邊界的目地乃是爲了展演那被差異化的他者，迎合大眾的凝視，然後小心意義的劃分異己，再一次達到文明女性自我主體的確立。透過主體在不同階層流動，從中產階級遊走到底層世界再回歸主流的路程，這些文本一再地鞏固了賢妻良母典範的普遍性與性別規範逸脱者的差異性。

　　對這些投向咖啡館女給的異樣眼光，也有女性發出抗議之聲。《臺灣婦人界》社方不時向職業女性徵文，一位「牡丹咖啡館」的女給 Y 子便爲備受輕蔑的女給一職打抱不平。她自述針線工作的收入有限，即使有學識也無管道進入公職或事務所，因此進入咖啡館。爲了支付抱病丈夫的醫藥費以及小孩的學費而拼命工作的女給，與「在官署、公司或街頭工作的眾位女性並無孰優孰劣」〔註45〕。Y 子的投書透露社會制度對女性求職的限制，及她們如何爲生活所迫而投入或賣笑或賣身的性產業。第一節所述及的日本女性運動者山川菊榮，亦曾就此議題寄稿至《臺灣婦人界》，建議透過職業介紹所等社會機關的設置，來改善貧窮農村的少女被賣爲娼婦的情況〔註46〕。身爲社會主

〔註43〕花房文子，〈女二人〉，收於中島利郎編，《台湾通俗文学集一》（東京：綠陰書房，2002），頁158。原文如下：「愚かな女として路傍に捨てて美子さんを救ってください。」

〔註44〕隨著明治以來新女性參與公領域並開始跨國界的移動，挑戰父系家國意識形態與賢妻良母規範，日本媒體也開始大肆渲染女學生與移民女性的性墮落形象。見吳佩珍，〈家國意識形態的逃亡者：由田村俊子初期作品看明治期「女作家」及「女優」的定位〉，《中外文學》第 34 卷（2005 年 10 月），頁 87～106。對「墮落女學生」形象的解析又見平石典子，《煩悶青年と女学生の文学誌》（東京：新曜社，2012）。

〔註45〕Y 子，〈特徵ある各職場からの報告お互女性は反省すべきである・カフェーボタン〉，《臺灣婦人界》3 卷 8、9 月號（1936 年 8 月），頁 144～145。

〔註46〕山川菊榮（1937 年 1 月）〈一人一話・貧乏農村の娘〉，《臺灣婦人界》4 卷 1

義者的山川，曾表示娼妓問題是社會組織的缺陷而非女性自身的責任，最應迫切改變的是將女性視爲動物般對待的娼妓管理制度〔註47〕。她犀利指出許多娼妓出身工農階級，隨著戰爭或經濟不振而激增，即使嚴加取締，她們仍沒有其他謀生管道，「如果逮捕到有撫養家庭責任者，使其失業，警察面對餓死的老親幼兒作何感想？」〔註48〕。台灣女性作家黃寶桃發表於《臺灣婦人界》的〈巷之女〉（巷の女），即描寫一位從娼養家的女性，透露深刻的社會主義關照。這篇小說尚未有研究者發掘，筆者將日文及中譯全文收錄於本書附錄二。

　　被封爲日治時期台灣新文學花魁的黃寶桃〔註49〕，一向以濃厚的社會意識與批判寫實路線爲人所知〔註50〕。黃氏1935年在《台灣新文學》發表〈人生〉一文〔註51〕，描寫一位在工地勞動的懷孕女性，因行動不便遭逢工安意外的血淋淋慘劇，表達具性別與階級意識的社會關懷。黃寶桃這篇小說，可說是奠定了後世研究者對她的評價。但是1934年於《臺灣婦人界》發表的短篇小說〈巷之女〉，筆觸與色調卻十分濃豔具現代感：

> 陳舊褪色的 Victrola 留聲機傳來被燻黑的音律，如蝙蝠般緊貼在街道的屋瓦，忽地向夜晚的星空飛去——。
>
> 如飢餓海豹般的男人們，尋求夜晚都市的獵奇，在巷子裡游移。
>
> 今夜，寶連也須壓抑著湧上的羞恥心，躲在暗處。在有月亮的夜裡，懷抱著秘密的女人眼眸，美得如剃刀般銳利。
>
> 輕快的音調響起，腳步聲從走道傳來——寶連胸中直跳。
>
> ——噯，來一下嘛。
>
> 寶連以含嬌帶媚的迷濛嗓音，從陰影處招呼。男人走了一小段距離，又迅速轉身回返，一邊拉了拉軟帽的帽簷，一邊靠過來。〔註52〕

號，頁 134。
〔註47〕山川菊榮，〈日本婦人の社會事業について伊藤野枝氏に与う〉，收於鈴木裕子編，《山川菊榮評論集》（東京：岩波書店，1990），頁 16～28。
〔註48〕山川菊榮，〈現代生活と売春婦〉，收於鈴木裕子編，《山川菊榮評論集》（東京：岩波書店，1990），頁 41。
〔註49〕范銘如，〈新文學女性作家小史〉，收於《文學地理：台灣小說的空間閱讀》（台北：麥田，2008），頁 293～294。
〔註50〕呂明純，《徘徊於私語與秩序之間：日據時期台灣新文學女性創作研究》。
〔註51〕黃氏寶桃，〈人生〉，《臺灣新文學》1 卷 1 號（1935 年 12 月），頁 20～22。
〔註52〕黃氏寶桃，〈巷の女〉，《臺灣婦人界》1 卷 10 月號（1934 年 9 月），頁 117。

這都會情調很快地轉爲寫實的人生慘劇。原來這貌似嫖客的男人是取締私娼的警察，寶連被拘留了二十九日才被釋放。她心繫萎靡的乳兒和重病的丈夫，急切趕回家中。丈夫竟留下遺書，服藥自殺，臂彎抱著死去的嬰兒。寶蓮成爲「如同流動的風、搖晃的河水般，無盡地怨恨這潰爛的社會、在巷弄間漂泊」的女子（〈巷之女〉，頁 118）〔註 53〕。

黃寶桃這篇小說，一貫她社會批判的本色。寶連因嚴酷的經濟條件必須賣淫維持生計，又得承受法律對逸出規訓的性所施行的懲戒。文中顯露淫笑又翻臉將寶連拖走逮捕的警察，則代表了娼妓管理制度與取締私娼法中公權力與性暴力的共謀〔註 54〕。黃寶桃以寶連形象所提出的控訴，與前述山川菊榮的見解十分吻合，也戳破《台灣民報》社論以男性菁英啓蒙觀點，主張娼妓爲社會公害的僞善論調〔註 55〕。〈巷之女〉精準指出經濟、法律與父權體制對底層女性的多重壓迫，也揭露潰爛的癥結來自社會結構，而非在結構底層的爲娼者。

考量黃寶桃社會批判的創作企圖，這篇小說開頭不採寫實手法而選擇「色情・怪誕・無意義」筆觸的描繪，便值得玩味。〈巷之女〉開頭頗爲異

---

原文如下：「古ぼけたビクトロラーの、すすけた音律が、街の甍に、蝙蝠の如くへばりついて、星の夜空に、ツイツイと飛んで行く──。／夜の都の獵奇を漁って、餓えた海豹の如く男達が、裏街を泳いでいる。／寶連は、今宵も、せき上ぐる羞恥心を引きしめて、物陰に忍ばねばならなっかた。秘密を抱いた女の眸は、月の出た夜に、カミソリの如く、鋭くわけて美しかった。／輕快な階調を奏でて、鋪道を靴が来る──寶連の胸が躍動した。／──ねえ、ちょいと／物の蔭から、寶連の媚を含んだうるみ声が招いた。男は二三間行く過ぎる、とクルリットきびすを返して、ソフトのツバを引き乍ら、近づいて来た。」

〔註 53〕原文如下：「流れずとも、風がすぶる川面の水の如く、ただれた社会を限りなく咀怨し乍ら、巷から巷へ漂泊する女がある。」

〔註 54〕殖民政府爲杜絕花柳病，規定公娼必須定期至「檢黴所」接受診療，並依據「密賣淫取締規則」、「檢黴取締法」等條例取締私娼，範圍含括風化區的遊廓、貸座敷、酒家、小料理店與各村鎮小市街。娼妓被逮捕後必須強制接受侵入性的身體檢查，頒佈初期逼得許多風塵女子投淡水河自殺。張曉旻，〈日治時期臺灣性病防治政策的展開〉，《臺灣史研究》20 卷 2 期（2013 年 6 月），頁 77～122。

〔註 55〕《臺灣民報》王敏川之社論雖指出應透過職業教育、自由婚姻以及振興工商業避免女性投入此行，但同時也主張娼妓爲社會公害，淫蕩女子需由法律嚴加控管。王敏川，〈對於廢娼問題的管見〉，《臺灣民報》，1925 年 1 月 21 日，第 4 版。

色的描寫，可以從霍米巴巴的「擬仿」概念來理解。「擬仿」具有雙面性，一方面可能是「一種改造、規範、懲戒的複雜策略，以視覺化的權力『挪用』他者」，大眾媒體「色情‧怪誕‧無意義」風潮對底層女性的獵奇即是對他者的挪用與懲戒。但另一方面，被支配者貌似馴化實則具顛覆性的「擬仿」，也「對『正常化』的知識與規訓權力提出一種內在威脅」〔註56〕。〈巷之女〉中濃豔的文字，似是迎合了《臺灣婦人界》讀者對底層女性的獵奇視線。然而作者在迎上這目光的同時，也讓文中的女性展現了銳利的回眸。「如飢餓海豹般的男人們，在夜晚的都市裡獵奇」這段文字，揭示嫖客、警察的父系暴力以現代國家管理之名，對娼妓投射的掠奪性目光，與大眾媒體及讀者對賣淫女性的獵奇視線不但重合，也是共謀。「懷抱秘密的女性眼眸，美得如剃刀般銳利」，更表示當中產階級讀者欲窺視娼妓的秘密時，她背後的社會處境恐怕嚴苛得使人不忍逼視。黃寶桃這短短的篇幅裡蘊含了重層的創作企圖，不僅將現代社會經濟崩壞、法律排除性、性暴力等問題各個擊破，更暗指媒體對底層女性的獵奇也是一種暴力形式。她在大眾媒體興起的 1930 年代，以「色情、怪誕、無意義」的美學手法回應且批判了「色情、怪誕、無意義」風潮對底層女性身體的消費、剝削與掠奪。

　　富士晴子、若本鳥子、花房文子與黃寶桃分屬台、日不同族裔，但她們並未在文中刻意彰顯國族的差距。富士晴子〈深夜蠢動台北的側臉〉中身穿長杉的女給愛子表示咖啡館裡並沒有內地人與本島人之分〔註57〕，黃寶桃〈巷之女〉中的娼妓寶連為台灣女性，但其文主要的關懷也並非在於國族。黃寶桃與富士晴子、若本鳥子、花房文子三人的差異應是對於《臺灣婦人界》上女性典範化過程的根本質疑。如本書第二章所討論的，《臺灣婦人界》一再宣揚的理念，就是無論何種地域、國族、行業出身的女性都可以經由教育與努力，在體制內晉升並成為典範。富士晴子筆下的女記者、若本鳥子筆下苦學縫紉的咖啡館女給、花房文子筆下追愛的女學生，都是透過展演並排斥他者，讓自己得以進入典範化的過程。黃寶桃則打破這種女性力爭上游的自由主義想像，巧妙地「擬仿」了這種展演性所造成的差異，將他者之所以為他者的原因抽絲剝繭，指出經濟、法律、大眾目光等體制暴力如何將一個女性最卑微的養家活口的心願吞噬殆盡。寶連之所以成為一個彷彿過街老鼠的娼妓，

〔註56〕 Homi Bhabha, *The location of culture*, p.86.
〔註57〕 富士晴子，〈深夜に蠢く臺北の横顔〉,《臺灣婦人界》2 卷 10 號（1935 年 1 月），頁 60。

正是因爲她想要履行身爲妻子與母親的職責。這種反差，也是對《臺灣婦人界》所推崇賢妻良母典範的最大諷刺。

## 小　結

　　本章概論《婦人與家庭》、《臺灣婦人界》女性作家的創作，探討女性作家如何回應 1920 到 1930 年代現代化爲日台女性生活所帶來的變化。本章雖然鎖定女性書寫爲範疇，但不欲尋找線性的「傳承」、「系譜」，而是透過文本內外不同女性主體位置的對照，解析其矛盾與異同。在《婦人與家庭》作者北野里子的新詩、社論與散文中，現代文明所建構自由的世界主義心靈，困在被賢妻良母體制約束的女性身體中。她所嚮往的「天地、國家、社會、事業與世界」，在《臺灣婦人界》作家大野倭文子筆下則透過相異位置女性主體的協商，以女性情誼的烏托邦實現。這些女性作家的書寫體現了現代性的明面與暗面。身分地理的流動讓邊緣有加入主流的可能，菁英女性走出家屋伸展一己的抱負，加入文明行列。但自我與他者的遭逢也有可能加深邊緣與主流的分隔，這從《臺灣婦人界》女性作家對底層女性的描寫可以看見。在「色情‧怪誕‧無意義」的獵奇風潮下，富士晴子、若本鳥子、花房文子與黃寶桃皆描寫性工作者，但前三人以中產階級女性短暫流動至底層又回歸「正途」的展演，訴諸賢妻良母的典範化而強化了他我之分。黃寶桃則描繪了底層女性的銳利回眸，揭示娼妓背負的社會處境以及獵奇目光對女性身體的剝削，以左翼思考質疑《臺灣婦人界》打造女性典範的自由主義邏輯。綜觀這些女性作家的書寫，無論是菁英女性或底層女性，都受到父系賢妻良母體制與貞操觀的束縛；無論是日本女性或台灣女性，都在資本主義社會結構中被賤賣。在殖民地台灣，獵奇目光的投射對象不僅止於逸脫性規範與落入階級囚籠的女性，更及於台灣民俗中的女性身體。本章在性別、階級之外尚未提及的民族差異，筆者將於下一章討論。

# 第四章　陽剛他者與陰性自我：西川滿與陳華培的民俗書寫

## 前　言

　　在前一章，筆者爬梳了許多女作家筆下以自由主義與文明開化信念為根基的新女性想像。在《臺灣婦人界》小說中，另有一類的女性形象和這些新女性們大相逕庭：求神問卜的台灣女性。《臺灣婦人界》中有兩位男性作家，西川滿與陳華培，特別著墨於台灣漢文化的宗教民俗，且都透過女性形象來表述殖民地文化主體建構與拉鋸的過程。

　　在日治時期的台灣，民俗議題參雜了殖民權力的俯視與在地文化認同之間的視線角力。張隆志指出，從 1900 統治初期到 1940 年代戰爭末期，台灣民俗從作為調查與統治的知識客體，轉變為殖民地台日知識分子建構鄉土情感乃至主體認同的一環〔註1〕。目前對民俗書寫的探討傾向以作家的台日民族身分為比較基點，指出日本人作家對台灣民俗他者的陰性化呈現〔註2〕，與台灣人作家以民俗建構父系自我認同的企圖〔註3〕，即「陰性他者」與「陽剛自

---

〔註1〕 張隆志，〈從「舊慣」到「民俗」：日本近代知識生產與殖民地臺灣的文化政治〉，《臺灣文學研究集刊》第 2 期（2006），頁 33～58。

〔註2〕 見阮斐娜著，陳宏淑譯，〈性別・民族誌・殖民文化生產：西川滿的臺灣論述〉；林芳玫，〈日治時期小說中的三類愛慾書寫：帝國凝視、自我覺醒、革新意識〉，《中國現代文學》第 17 期（2010 年 6 月），頁 125～160。

〔註3〕 朱惠足，〈「小說化」在地的悲傷──皇民化時期台灣喪葬習俗的文學再現〉，《「現代」的移植與翻譯：日治時期台灣小說的後殖民思考》，頁 229～270。

我」。然而，筆者卻從《臺灣婦人界》民俗書寫中觀察到相反的性別結構，即西川滿筆下的「陽剛他者」以及陳華培文中的「陰性自我」。本章將從兩個方向來解析這個發現，其一是小說中女性形象於作家再現民俗時扮演了何種角色、文本內部不同角色主體位置的辯證如何成就了雙方筆下性別化的民俗。其二是文本內部主體之間的張力如何對應到文本外部作家所處的殖民情境、如何在與異文化的遭逢中對自我與他者重新定義。

在民俗學或民族誌研究的觀念中，已知「民俗」的概念本身就是一種後見之明的建構，所謂在地傳統民俗往往是一種全球化與現代化眼光下的重新發明，而非本質性的民族根源。克里佛德（James Clifford）指出民族誌撰寫「是個透過特定的排除、慣例和話語實踐，持續建構自我和他者的過程」〔註4〕。撰寫民俗牽涉到作者與其書寫對象雙方相異主體的交鋒。在《臺灣婦人界》上，民俗書寫便是與殖民現代性所設定的普遍性對話，是一種進步準繩所映照出的扭曲鏡像，一種相對於文明開化的差異性展演（performance）。西川滿和陳華培以各自台日民族身分爲出發點，他們的作品是在這股基調下的不同演繹。被殖民現代性所差異化的民俗，是如何在文本策略中被挪用、拼貼、分割、排除，抑或是反客爲主，使殖民現代性對主體的型塑產生動搖？

## 第一節　兩種民俗、兩種展演

1933 年，西川滿獲早稻田大學業師贈辭「南方是光之源 / 給予我們秩序 / 歡喜 / 與華麗」，懷著建立「地方主義文學」的目標回台〔註5〕。數年間他身兼多職，一邊擔任《臺灣日日新報》記者與《臺灣婦人界》文藝編輯，一邊發行《愛書》、《媽祖》等文藝同人雜誌；一方面以詩在殖民地文壇嶄露頭角，與當時任職台北帝國大學的文學權威島田謹二等人形成一具影響力的在台日人文學圈〔註6〕，一方面也放眼日本中央文壇，開始經營小說。西川滿發

〔註4〕 James Clifford，高炳中譯，《寫文化：民族誌的詩學與政治學》（北京：商務印書館，2006），頁 53。
〔註5〕 西川滿早稻田大學英文科之師吉江喬松受法國普羅旺斯文學啓示，鼓勵西川回台建立「地方主義文學」。橋本恭子，〈在臺日本人的鄉土主義──島田謹二與西川滿的目標〉，收於吳佩珍編，《中心到邊陲的重軌與分軌：日本帝國與臺灣文學‧文化研究（中）》（台北：台灣大學出版中心，2012），頁 333～379。
〔註6〕 阮斐娜，吳佩珍譯，《帝國的太陽下：日本的台灣及南方殖民地文》，頁 103～114、140。

表於《臺灣婦人界》的〈城隍爺祭〉被視爲他台灣小說的起點〔註7〕，但他的目標並非只是台灣的讀者〔註8〕，而是日本內地文壇。〈城隍爺祭〉曾投稿日本雜誌《文藝》獲選外佳作，這代表了西川滿以台灣民俗題材進入日本中央文壇的最初嘗試。在島田謹二所指導的「外地文學」大旗下〔註9〕，西川滿企圖以浪漫化的南方素材攻入主流文壇，希望取代內地作家的旅台見聞，奪回在台日本人作家「外地文學」的代表性〔註10〕。他宣示「臺灣回歸」，視線卻朝向日本內地。他投身臺灣這座歷史寶庫，其實是欲取得代言人的敘事權威，並朝向內地主流文壇展演。除了〈城隍爺祭〉外，西川滿在《臺灣婦人界》尚有〈梨花夫人〉、〈樹枝鳴響〉（枝を鳴らして）、〈蘭人頌〉（蘭人の頌）幾篇充滿異國情調的作品。

　　陳華培是一位尚未受到研究者注意的作家，目前也未有研究對陳華培進行深度討論〔註11〕。據現有史料僅能推知他爲台灣男性〔註12〕，可能出身台

〔註7〕　中島利郎，《日本統治期台湾文学：日本人作家作品集二》（東京：綠蔭書房，2008），頁390。

〔註8〕　西川滿在其自傳中未曾提過擔任《臺灣婦人界》文藝編輯一事。和泉司，《日本統治期台湾と帝国の「文壇」——「文学懸賞」がつくる「日本語文学」》（東京：ひつじ書房，2012），頁166～167。

〔註9〕　島田謹二的「外地文學」指做爲日本文學延伸的殖民地文學，但又是具有在地特色與主體性的變體。吳叡人，〈重層土著化的歷史意識：日治後期黃得時與島田謹二的文學史論述之初步比較分析〉，《臺灣史研究》16卷3期（2009年9月），頁133～163。

〔註10〕阮斐娜著，張季琳譯，〈西川滿和《文藝臺灣》——東方主義的視線〉，《中國文哲研究通訊》11卷1期（2001年3月），頁140～141。

〔註11〕僅見呂明純批判陳華培〈王萬之妻〉對男性的納妾風俗未有反省。呂明純，《徘徊於私語與秩序之間：日據時期台灣新文學女性創作研究》，頁266～268。

〔註12〕中島利郎曾指陳華培爲女性，見前揭《日本統治期台湾の「大眾文学」》，頁369。然而，根據其自述判斷應爲男性作家。陳華培發表之〈男人的心情〉（男の気持）文中「作者的話」以男性自稱（僕），並表示要以男人的立場表達男人的心情。譯文如下：「這是從男人的立場，試著對女人寫出我所想要的，卻成了說女人的壞話了。男人的心情，也許是男人的任性吧。不過，我並不是在汙辱女人，而是熱愛女人。女人也會成爲男人的妻子，所以也應該了解男人的心情。雖然例子取於我們的狀況，但這樣的事不僅限於本島人。我相信我們的生活，連內地人也會想讀，也能興味盎然地讀」，陳華培，〈作者の言葉〉，《臺灣婦人界》4卷9號（1937年9月），頁98。原文如下：「これは男の立場から、女に斯うあって欲しいと思ったことを書いて見たのだが、すると女の悪口になってしまひさうである。男の気持は、或ひは男の我儘かも知れない。が、女を侮辱しているのではない。おんなを愛しているのである。／女も、男の妻のな

北大龍峒一帶〔註13〕，其稿件是由日本內地寄來〔註14〕，應是旅日的台灣知識份子。他1936年以〈王萬之妻〉（王萬の妻）於楊逵所主持的《臺灣新文學》登場，後又發表小說〈豚祭〉與隨筆〈女妖〉。其中〈豚祭〉一文描繪大龍峒保安宮大祭典的神豬，已可看出他對民俗題材的興趣。1937年陳華培開始轉戰《臺灣婦人界》，發表〈新娘風俗〉（花嫁風俗）、〈母親〉（女親）、〈信女〉、〈十姊妹〉等一系列描寫婚姻、家庭生活中的女性與典禮、祭祀、求神問卜等台灣民俗的作品，被社方視為揭露本島特殊風俗以及本島人婦女問題的作家〔註15〕。陳華培曾於作者自述中對女性喊話「應該了解男人的心情」，並表示「相信我們的生活（譯按：指本島人的生活），連內地人也會想讀，也能興味盎然地讀」〔註16〕，可見其設定的讀者包括了台灣的本島人女性以及內地人讀者群。《臺灣婦人界》社方在「打破舊慣、內台融合」的刊旨下，視台灣民間宗教為前現代的迷信、耗損國力乃至違法的流弊。如社論主張從大稻埕的本島人文化中心開始祛除繁冗的祭典儀式〔註17〕。也有民俗研究者以物理學、變態心理學析論神鬼附身的幻覺〔註18〕。陳華培對台灣民俗的詮釋大致順應這個方向，以諷刺的方式將民俗呈現地極度非理性，作為啟蒙開化的反面教材。

　　西川滿與陳華培都試圖展演出被差異化的民俗。西川滿展演出自我對他者的「挪用」（appropriate）。以薩依德的概念來理解，這是殖民者將異文化除魅的過程，他者的敵意被馴服、異國情調被重新解碼，異文化因而被以殖

---

　　るのでしたら男の気持を分かって貰ひたいと思ふ。例を僕達の場合にとったが、むろん、こんな事は本島人に限らない。僕達の生活を、内地人の方にも読んで頂きたいし、又興味深く読んで頂けると信じている。」

〔註13〕陳華培〈豚祭〉、〈信女〉、〈男の気持〉、〈十姊妹〉等作品中皆對大龍峒地區景物及生活狀況有許多描述。

〔註14〕編輯室報告1939年4月前因內台船不足，未能收到陳華培的寄稿。〈編輯室だより〉，《臺灣婦人界》6卷3號（1939年4月），頁124。

〔註15〕〈編輯室だより〉，《臺灣婦人界》6卷3號（1937年3月），頁126。

〔註16〕陳華培，〈作者の言葉〉，《臺灣婦人界》4卷9號（1937年9月），頁98。

〔註17〕〈本島人の生活改善運動を聽く〉，《臺灣婦人界》3卷8號（1936年8月），頁82～90：〈本島人の生活改善運動を聽く（その二）〉，《臺灣婦人界》3卷10號（1936年10月），頁60～64。

〔註18〕曾景來，〈不思議な紅姨の話〉，《臺灣婦人界》5卷4號（1938年4月），頁103～107：曾景來，〈不思議な紅姨の話〉，《臺灣婦人界》5卷5號（1938年5月），頁100～104。

民者的準則重新分配整理成怪誕奇觀的拼貼大雜燴〔註19〕。以史碧娃克的概念來裡解，這是帝國主義的計畫「將他者自我化」的收編行為。在殖民者歷史建構的折射中，「那原先可能並不相容或不連續的他者⋯⋯成為了一個鞏固帝國主義自我的馴化他者」〔註20〕。陳華培的展演則可以被解釋為霍米巴巴所稱的「殖民擬仿」（colonial mimicry）。他書寫的出發點來自於一道已然內化的殖民者眼光，他必須展演自身的「他者性」，宣示與被差異化的文化母體撕裂，將他者性從自我中分離出來，去服膺殖民現代性所設立的普遍準則。他的書寫主體有如「黑皮膚、白面具」的雙重存在狀態（無法被歸屬於殖民者或被殖民者任何一方），他的民俗展演是主體處於相異文化中間位置（in-between）時反覆銘寫的磋商〔註21〕。

　　西川滿挪用主體外部的他者，宣稱對台灣民俗的掌控權以躋身日本主流文壇；陳華培展演主體內部的他者，欲排除分割之以擬仿殖民政策的視角。兩人各以何種文本策略展開「挪用」與「擬仿」？以下將分別從西川滿與陳華培幾部與民俗題材相關的小說展開討論。

## 第二節　陽剛他者：西川滿的民俗書寫

　　在日治時期文學中，西川滿可說是最具代表性的東方主義美學實踐者〔註22〕，台灣民俗題材是他創作歷程的起點。《臺灣婦人界》上的幾部作品大致可以反映出他早期創作的傾向。西川自 1934 年開始經營詩誌《媽祖》，1935 年集結出版詩集《媽祖祭》，這些作品充滿了異國意象的大量拼貼，如〈胡人之書〉（胡人の書）一詩的敘述者為匈奴人首領（單于），他卻向海洋的神祇天上聖母（媽祖）祈禱〔註23〕。詩中還將林投、鳳梨等熱帶意象與羌

---

〔註19〕 Edward Said，蔡源林譯，《東方主義》，頁 152。

〔註20〕 Gayatri Chakravorty Spivak，張君玫譯，《後殖民理性批判：邁向消逝當下的歷史》，頁 154。

〔註21〕 Homi Bhabha, *The location of culture*, pp. 40〜45, 86.

〔註22〕 阮斐娜著，張季琳譯，〈西川滿和《文藝臺灣》──東方主義的視線〉，頁 140〜141。

〔註23〕 當時對現今淡水紅毛城的稱謂已是紅毛城，見〈淡水の紅毛城址〉，《臺灣日日新報》1933 年 7 月 9 日，第 6 版。西川於詩末註解中也有解釋詩中所指為淡水紅毛城，西川滿，〈胡人の書〉，《媽祖祭》（台北：媽祖書房，1935），頁拾〜拾參（原頁碼為漢字）。

笛等漠北意象並置，使得全詩的調性頗為不倫不類。詩集中使用的民俗辭語對日本讀者來說可能頗為艱澀，經常在文末、卷末附上神祇、民俗道具以及中國文學典故的辭彙解說。西川撰寫民族誌的企圖展現出一種無章法的蒐集癖，文本也幾成了奇觀的儲藏庫。如史碧娃克論及波特萊爾詩中將印度女性錯置為黑人女性，同時腐蝕了兩者的主體性〔註24〕，西川滿的帝國主義想像將天差地遠的異國事物並置在一起，抽離其歷史、地域以及文化脈絡，將這些他者馴化為浪漫卻空洞而可以任意驅使的符碼。

　　西川滿在《臺灣婦人界》發表的小說〈城隍爺祭〉、〈梨花夫人〉、〈蘭人頌〉（蘭人の頌）也展現了這種基調。〈蘭人頌〉標題的「蘭人」指荷蘭人。荷蘭是江戶時代鎖國政策下唯一能與日本通商的西方國家，西方科學、文化便以「蘭學」之名在明治以前的日本傳播，成為西方文明的代表〔註25〕。〈蘭人頌〉這樣的設題傳達出一種西洋趣味，引出台灣的荷蘭殖民歷史，而內文中經營的卻是中國與台灣色彩。這篇短短的小說體裁近似散文詩，描繪敘述者在法國某個港口對一位女子須美的追憶。在回憶中他們乘著須美喜歡的復古交通工具馬車來到海港，在岬岸邊遊玩。接著闖入植有龍舌蘭、芭蕉與龍眼卻杳無人煙的磚造書院，並由迷宮般的地下道通往舊砲台的內堂。砲台的石堤旁有著扶桑花、榕樹與台灣藍鵲（山娘），他們在此吸食鴉片，眺望港邊的帆船。這個地點設定為法國卻以各種動植物、歷史建物所襯托出的台灣風貌被形容成魔境般的所在，須美被形容為明代羅貫中神怪小說《平妖傳》中的小妖精媚兒〔註26〕。最後他從回憶中醒來，看著法國港口邊無線電信局與港灣停泊的汽船。〈蘭人頌〉中回憶與現實的反差造成穿越時空的效果，蘭人、法國與中國、台灣，現代的無線電信局、汽船和傳統的馬車、帆船形成了現代與非現代的對照。這魔境般的廢墟是被塵封在非現代時空、不會隨著時間流動而改變的異國情趣展覽館，被扁平化而失去歷史深度的異國事物在此爭奇鬥艷。敘述者將自己追趕不及、甚至躲藏不見人影的須美形容為「我的可愛的玩偶」〔註27〕，更暗示這些難以掌握的異國事物都變成了可以隨意妝點

〔註24〕Gayatri Chakravorty Spivak，張君玫譯，《後殖民理性批判：邁向消逝當下的歷史》，頁173～179。

〔註25〕《日本国語大辞典》詞條：【蘭人】；《日本大百科全書》詞條：【蘭学】。http://japanknowledge.com/library/，2014年6月30日查閱。

〔註26〕西川滿在文末有註記媚兒一典的出處，但將羅貫中誤為羅漢中。西川滿，〈蘭人の頌〉，《臺灣婦人界》4卷12號（1937年12月），頁35～37。

〔註27〕西川滿，〈蘭人の頌〉，《臺灣婦人界》4卷12號（1937年12月），頁36。

擺佈的符號。

〈城隍爺祭〉與〈梨花夫人〉中同樣可以觀察到上述東方主義美學對異文化的挪用，但這被挪用的他者似乎並不是那麼馴化，反而對挪用者造成了某種壓力。這可以從小說中角色主體位置之間的張力來解析。阮斐娜曾分析過 1925 年佐藤春夫〈女誡扇綺譚〉對西川滿 1940 年代小說的強烈影響。佐藤描繪日本記者與台灣漢詩人談論廢墟中的女性幽靈，女性身體是外來者知識份子與在地文化之間的中介〔註28〕。其實這組主體位置關係在西川滿 1930 年代的小說中已現出雛形，1940 年的〈稻江冶春詞〉等則繼續沿襲。西川滿所塑造的女性形象，是向後的民俗歷史與向前的現代性夾縫中的一抹魅影。小說中外來與在地的男性敘事主體，展開對女性身體詮釋權與掌控權的競爭。在雙方父系權威的衝突下，女性是異色的性客體，卻又弔詭地受到賢妻良母的貞操規範，這種兩極化的視線將女性主體性完全抽離〔註29〕。

此處先從展演「支那風情」的〈梨花夫人〉談起。小說敘述青年「劉生」往山裡尋求借宿，僅見一座孤伶伶的有應公祠，鄰近卻毫無人家。劉生偶然闖入如雪般的萬點梨花，忽見高大殿堂聳立。經同意後，劉生進入宅邸，與夫人一同乘船遊玩，恍惚欲睡去，卻聞侍女道：「終於到了最後一夜」，眾人開始為一秘密之事做準備。裝睡的劉生起來悄悄尾隨夫人而去，看見夫人在爐前以偶施法。因劉生闖入打斷，法陣隨著第一聲雞啼崩解，夫人才娓娓道來自己是道士的女兒，因丈夫觸犯天條，被玉皇大帝怒謫於陰間，受城隍爺的責罰。為了與丈夫會面，須每夜以人魂製偶施法，便使法術取得鄰近村人旅者之魂，將亡骸祭於有應公祠。法術即將於今夜完滿，卻被劉生所破。夫人最後求得一籤詩「夫婦有意兩相求／綢繆未和各成愁／萬事逢春皆大吉／婚姻註定不需愁」。她對丈夫的貞與愛終有報償，得以前往地府與夫相會，宅邸也消失在一陣巨大的火焰中〔註30〕。

西川滿模仿〈桃花源記〉中俗世之人誤闖幻境的開頭來彰顯中國風情，將〈桃花源記〉的桃花置換為梨花，安排劉生進入百花齊放、雕梁畫棟的庭園。園裡豢養著紅鶴與金絲貓，乘坐的是彩燈裝飾的龍鳳船，鼻尖滿溢花香，

---

〔註28〕阮斐娜，吳佩珍譯，《帝國的太陽下：日本的台灣及南方殖民地文》，頁 114。
〔註29〕吳佩珍曾指出〈稻江冶春詞〉中藝旦抹麗從性客體變成賢妻良母。吳佩珍，〈植民地期台灣における日本耽美派の系譜—永井荷風「濹東綺譚」と西川滿「稻江冶春詞」を中心に—〉，《日本學》第 30 輯（2010 年 5 月），頁 57～81。
〔註30〕西川滿，〈梨花夫人〉，《臺灣婦人界》4 卷 10 號（1937 年 10 月），頁 60～66。

眼睛所見皆是琳瑯滿目的玩飾，耳朵所聞盡爲絲竹管弦的演奏。在梨花夫人的宅邸，不知有漢，無論魏晉，這是完全非現代、由中國符號堆砌的古舊時空。雖然梨花夫人是宅邸主人，但此一時空中秩序的掌握者並非女性，而是民俗信仰中的男性神祇玉皇大帝、城隍爺與道士父親城隍爺。梨花夫人身爲一道家之女與思夫之妻，遵循神明的大條與父親的指示，最後隨丈夫一同歸去陰曹地府。劉生「想將臉深埋夫人淒艷的肉體中，談論這難忘的一夜直到天明」（〈梨花夫人〉，頁 66）〔註31〕，但他性的企圖與「談論」的慾望落空，梨花夫人在籤詩的指示下消逝於陽間，那被性慾化後又被強調貞潔的身體，完全臣服於陰界的秩序，那是誤打誤撞闖入的劉生無法動搖的。

　　林芳玫曾指出，西川滿筆下的女性被寫入歷史時往往預設了她的消逝〔註 32〕。梨花夫人在文本中的位置是男性視線投射與掌控的客體。在劉生的窺視中，夫人隱沒於不能見陽光卻隱隱透露出威脅的另一個世界。那是台灣漢文化系統的道教與民間傳說中，自成一前現代法理階層與秩序的民俗意志〔註 33〕。這樣的意志在〈城隍爺祭〉中，以籤詩、祭典、偶戲等一連串的儀式與在地草莽人物爲象徵，壟罩了西川滿的獵奇遊園地──大稻埕。

　　〈城隍爺祭〉由大稻埕霞海城隍廟大祭前的熱鬧氣氛展開，描述藝妓阿梨周旋於兩個男人之間的戀愛。阿梨與同爲藝妓的友人素娥相約到城隍爺廟祭拜，談起彼此的情事。阿梨被流氓（原文「老鰻」，以下皆以老鰻稱）王朝元追求，但心中並不樂意。近來王朝元因逃避追捕逃往獅頭山，她才終於喘口氣，前來向城隍爺祭拜，求得一籤「昔日螳螂去捕蟬 / 豈知黃雀在身邊 / 莫信他人直中直 / 須防心裡仁不仁」。這段籤詩諭示了阿梨的命運。她在傀儡戲台前被一位貴公子青年吸引，引誘他回家，得知他是名喚羅有生的畫家。兩人春風一宿後陷入熱戀，相約到新舞台看偶戲。祭典當天兩人有說有笑之時，卻被甫回台北的王朝元目睹。王朝元報出他的名號，威脅羅有生的性命，將阿梨劫去。阿梨與王朝元回到阿梨的家，兩人爭執之時，也正是祭典的高

---

〔註31〕原文如下：「淒艷な夫人の肉体に顔を埋めて忘れ難いこの一夜を語り明かしたいと思った。」

〔註32〕林芳玫，〈日治時期小説中的三類愛慾書寫：帝國凝視、自我覺醒、革新意識〉。

〔註33〕西川滿在《媽祖》曾撰寫一篇〈臺灣宗教辭彙解説〉，城隍爺爲「專司司法警察之神……支配超越五官之世界，行賞罰善惡」。超越視、聽、嗅、味、觸五種感官，無法捕捉其物質性實體的神祕幽冥之界，卻自行運轉著一套有典故有歷史的法治系統。西川滿，〈臺灣宗教辭彙解説〉，《媽祖》2 卷 6 號（1937 年 1 月），頁 33。

潮時刻。故事結尾，阿梨腦海閃過無數回憶片段，窗外的火龍與爆竹則炫麗的飛舞著。

吳佩珍曾指出大稻埕自清末成為茶的集散地，與西洋文明接觸甚早，但傳統信仰及文化仍存續、運轉，是具鮮明混雜性的空間，西川滿即以此異空間發展其外地文學〔註34〕。與〈梨花夫人〉宅邸的中國風情一樣，〈城隍爺祭〉中的大稻埕是以大量異國情調的符號堆砌而來。阿梨「身著以紅色絹絲鑲邊的雙層白羽花褲裙，身上披掛著薄薄的朱色長衫」〔註35〕，走過磚造房屋與亭仔腳。在蔚藍的晴空下，她感到自己彷彿走在海底般，「夢中的龍宮透過絹絲的面紗浮現在前方。那是天主教會」〔註36〕。教堂的鐘樓下立著榕樹與橡膠樹。她走出教堂，「突然聽到不知從何處傳來的台灣音樂。銅鑼和大鼓的聲音混雜，帶有哀愁的笛聲音階特別響亮」〔註37〕。來到烏龍茶工廠前，「烏龍茶的氣味、梔子花的甜香，氣味撲鼻」〔註38〕。阿梨從大稻埕的磚造樓房、中國神話裡的龍宮神遊到象徵西方文化的天主教會。穿長衫的藝旦、台灣常見的榕樹、代表南國風情的橡膠樹、台灣民俗祭典中的鑼鼓笛聲、台灣特產烏龍茶等等，如同前面所討論的，這些符號被不分脈絡地挪用、並置在一起，抽離各自的文化意義，僅作為一種浮面的拼貼奇觀存在。

與梨花夫人一樣，〈城隍爺祭〉中的阿梨是被抽離主體性的奇觀素材。她的命運受到小說中現代／前現代兩種父系話語權威的擺布。小說裡爭奪阿梨的兩位男性分別是接受日本現代教育的摩登男性的和草莽暴力的台灣老鰻。青年羅有生是「眉目秀麗」、「纖瘦」、有「貴公子氣質的溫柔男人」（〈城隍爺祭〉，頁125）。身為畫家的他正打算以台灣民俗的偶戲為題材準備台灣美術展覽會，也淡淡暗示其未來目標是內地的帝國美術展覽會。遇見阿梨後，便打

〔註34〕吳佩珍，〈植民地期台湾における日本耽美派の系譜——永井荷風「濹東綺譚」と西川滿「稲江冶春詞」を中心に—〉。

〔註35〕原文如下：「阿梨は赤の絹糸で細くふぢどりした白羽二重の花袴をかき、薄い朱色の長杉をゆるく着流して」

〔註36〕原文如下：「夢の竜宮が絹のベールを透す行手に浮かび上がった。それは天主教会である。」

〔註37〕原文如下：「急にどこからか台湾音楽が聞こえてきた。銅鑼と大鼓の音にまざって、哀愁を帯びた笛の階音が特に響いてきた。」

〔註38〕原文如下：「烏龍茶の匂いくちなしの花に甘やかな匂いが、ぷんと漂ってきた。」以上所引皆見西川滿，〈城隍爺祭〉，《臺灣婦人界》1卷6月號（1934年6月），頁123～124。

算改以她爲題材作畫。爲討阿梨歡心，還獻上巴黎的舶來品香水。羅有生的形象代表現代知識份子，試圖以筆捕捉、掌控民俗，然而兩人爭奪阿梨之時，王朝元咆哮著要羅有生的小命，羅有生在這個活生生的民俗象徵之前，只能俯首稱臣，突顯了現代男性的陰柔化以及前現代他者的陽剛暴力〔註39〕。

　　老鰻王朝元是將阿梨「二十歲的肉體當作食物的惡棍」（〈城隍爺祭〉，頁118）。日治時期的報刊中，大稻埕老鰻被視爲一種民俗現象，具有分類械鬥的歷史淵源與「支那面貌」，應以現代法律控管排除〔註40〕。〈城隍爺祭〉中的台灣民俗即以一連串草莽男性形象爲代表而呈現陽剛他者之姿。在阿梨與素娥祭拜時的對話中，王朝元被比擬爲《三國誌》中的英雄與《金瓶梅》中的武松。祭典前夕，傀儡戲舞台上「提著青龍刀、勾著臉譜的豪傑飛奔而出」，「背上插著旗子的劍客大踏步登場」（〈城隍爺祭〉，頁125）〔註41〕。祭祀當天，祭祀隊伍吸引人潮蜂擁聚集，大鐘與鎖吶聲作響，「在『肅靜』、『迴避』的木牌之後，是變化靈動的武將群、神主牌的捧持團、以及乘馬的信徒」〔註42〕，「高個的白面謝將軍與矮個的烏面范將軍亂舞而來」（〈城隍爺祭〉，

〔註39〕 Marianna Torgovnick, *Primitive Passions: Men, Women, and the Quest for Ecstasy*（New York: Alfred A. Knopf, Inc, 1996）.

〔註40〕 片岡嚴關於台灣民俗的巨著《臺灣風俗誌》中，「臺灣の匪亂」一章便指出許多無賴漢與老鰻加入抗日起義。《臺灣日日新報》的「戀戀大稻埕」系列專欄介紹了大稻埕老鰻的外貌特徵與互相結拜現象，其與大稻埕藝旦花柳業的緊密連結，如何透過鴉片與賭博形成勢力，並強調警察應加強取締方針。在《臺灣警察時報》一篇關於老鰻的研究裡，指出其名稱來自會傷人畜的大鱸鰻，其來由爲清朝統治下分類械鬥以及土匪的遺害，映照出「支那民族」的面貌，與瘧疾、傷寒同爲台灣的麻煩特產（厄介な名物），可見老鰻被視爲台灣的一種特殊民俗現象。片岡嚴，《臺灣風俗誌》（台北：臺灣日日新報社，1921），頁1099～1125；〈戀の大稻埕（十）わるむし老鰻の群れその特徴並びに結拜〉，《臺灣日日新報》，1927年12月16日，夕刊2版；〈戀の大稻埕（十二）老鰻の跋扈した當時一帶に不安の氣漲る〉，《臺灣日日新報》，1927年12月18日，夕刊2版；〈戀の大稻埕（十四）阿片密吸者と賭博者其の弱味に附込む老鰻〉，《臺灣日日新報》，1927年12月20日，夕刊2版；〈戀の大稻埕壓迫から教化の方針へ警察側の努力繼續の必要〉，《臺灣日日新報》，1927年12月21日，夕刊02版。西岡英夫，〈老鰻に關する考察——臺灣の無賴漢に就いて〉，《臺灣警察時報》第203號（1932年10月），頁23～28；〈老鰻に關する考察（續）－臺灣の無賴漢に就いて〉，《臺灣警察時報》第204號（1932年11月），頁20～23。

〔註41〕 原文如下：「青龍刀をもった隈取の豪傑が飛び出していた。」「背中に何本も旗をさした劍客が大股登場してきた。」

〔註42〕 原文如下：「『肅靜』『迴避』の木牌の後は、変化自在の武将の群。馬に乗っ

頁 132）〔註43〕。緊接著，老鰻王朝元戲劇化地出現在祭典當晚，承接前述中國歷史古典的草莽英雄、城隍爺神主牌的行列和黑白無常等陰曹地府的執法者，串起了全文的意象。老鰻躲過現代法律的追捕，而成為前現代民俗秩序的代言人。被壟罩於民俗力量之下，阿梨不得不離開羅有生，被王朝元脅迫同去。

　　阿梨的戀情發展，正如同故事開頭城隍爺所給予的籤詩：「昔日螳螂去捕蟬／豈知黃雀在身邊」，阿梨終究逃不出城隍爺預言的命運。城隍爺籤詩所預示的敘事路徑，是一種有計畫性、目的性，欲掌控分離－進展－到達進程的線性敘事，隱隱透露出建構父系歷史的傾向〔註44〕。〈城隍爺祭〉中以城隍爺的前現代秩序、祭典中的武將與老鰻王朝元等一連串象徵所再現的台灣民俗，其壓倒性的前現代暴力、自給自足的有機運轉、和建構線性歷史與父系權威的慾望，皆指向一種不馴具威脅性的陽剛他者。故事結尾，阿梨感到自己再也無法擺脫王朝元，「如同幽鬼般不斷地詛咒著」（〈城隍爺祭〉，頁 135）。在窗外燦爛的舞龍舞獅及吵雜的銅鑼管弦聲中，象徵阿梨的茉莉花凋謝墜落於花瓶之下。阿梨成為幽鬼的隱喻性消逝，其實應了城隍爺籤詩的後半段「莫信他人直中直／須防心裡仁不仁」。此句暗示民俗理法在冥冥之中，對阿梨具主動性的女性情慾做出懲罰。

　　如果將文本之內羅有生、王朝元爭奪阿梨的三方主體位置，延伸到文本之外西川滿意圖為華麗島代言的野心，羅與王對阿梨的爭奪，可以被詮釋為外來知識份子與台灣本土文化秩序對台灣民俗詮釋權的爭奪。羅有生是具有現代、

---

た信士たち。」在《台灣慣習記事》中關於城隍爺的條目記錄道：「現世的事由地方官治之，幽界的事由城隍神司之」，為比擬為現事知地方官知縣，「廟內往往放置著刑具，以寓其職掌幽界之義」。『肅靜』、『迴避』木牌亦為比擬陽世地方官之用具。梅陰子，〈城隍神〉，《臺灣慣習記事》2 卷 2 號（出版地不詳：臺灣慣習研究會，1902），頁 62～63。

〔註43〕原文如下：「背の高い白面の謝將軍と、背の低い烏面の范將軍とが、亂舞してやってくるのだ。」范將軍謝將軍，又稱七爺八爺、高爺矮爺、黑白無常，為城隍爺差使的神祇，專領人類的魂前往冥府。見黃氏鳳姿，《七爺八爺》（台北：東都書籍株式會社臺北支，1940），頁 54～59。

〔註44〕法國女性主義學者 Julia Kristeva 於其著名論文〈女性的時間〉中已指出父系的歷史建構是具目的性、前進性的線性敘事，而女性主體經常被與周期性、重複性的循環時間與永恆時間連結。Julia Kristeva, Alice Jardine and Harry Blake trans. "Woman's Time", *Signs: Journal of Woman in Cultural and Society* vol. 7 no.1（1981）, pp. 13～35.

正統認證的優勢書寫主體，但他企圖以筆獵捕的女性身體背後，那具威脅性的前現代民俗秩序，卻令他難以招架。這他者的陽剛，是來自於敘事的權力。這股從幽冥世界隱然操控著現實的民俗力量，以城隍爺及其籤詩爲代表，透過對女性身體的掌控彰顯了父系的敘事權威。前述兩部小說裡，籤詩都扮演了關鍵角色，令人聯想到西川滿經常引用當時台灣文史權威連雅堂的漢詩。在〈有歷史的台灣〉（歷史のある台湾）一文中，西川滿自述對台灣歷史的認識一片空白，要蒐集相關歷史書籍，投入台灣這座歷史的寶庫〔註45〕。連雅堂的著作是他參考的書籍之一〔註46〕，他必須藉台灣漢文人的材料才能構築「外地文學」。這解釋了〈城隍爺祭〉中既是他者卻又強勢的民俗。小說中的陽剛他者，洩漏西川滿試圖掌握民俗題材以揚名立萬時，面對台灣既有漢文化自成體系的秩序，所感受到的焦慮與威脅。

## 第三節　陰性自我：陳華培的民俗書寫

西川滿筆下的女性身體是處於兩股父系勢力間中介的客體，陳華培描繪的女性形象則是陰性民俗的化身，成爲殖民現代性之下昏昧、落後與非理性的代表。相較於西川滿耽美炫奇的筆調，陳華培筆下的民俗，無論是台灣漢人婚嫁習俗或道教儀式空間，皆充滿滯悶的壓迫感、汙穢的破敗感與非理性的恐懼感。陳華培用反諷式的民俗題材吸引內地人讀者的目光，表示這些故事可作爲本島人讀者（特別是本島婦女）的警惕。處於日／台、現代／傳統文化的中間位置，他的書寫企圖基於對殖民現代性論述的「擬仿」，他的書寫本身則是與主體內部的他者周旋。

〈新娘風俗〉與〈母親〉這兩部短篇，將民俗從現代社會、理性世界給排除的意圖十分強烈。〈新娘風俗〉描述一位城裡的小姐阿綢嫁到村鎮的雜貨店，感到婆家充滿了妖魔鬼怪。從娶親的行列開始，婆婆媽媽們就聚集圍觀，一項項數著聘禮，對其價格質地品頭論足，彰顯婚嫁儀式如同買賣。阿綢的丈夫是被稱「八爺」的黑臉男子。在新房裡，阿綢看見死掉的蟑螂被螞蟻群包圍拖動，想起這麼年輕就出嫁的自己，悲從中來，暗示雙方是舊式的封建婚姻。夜裡她聽見恐怖的呻吟與激烈的咳嗽聲，然後傳來不明的濃烈氣味，原來

〔註45〕〈歷史のある台湾〉，收於中島利郎編，《日本統治期台湾文学：日本人作家作品集一》（東京：綠蔭書房，2008），頁449～452。
〔註46〕阮斐娜，吳佩珍譯，《帝國的太陽下：日本的台灣及南方殖民地文》，頁140～141。

公公患嚴重氣喘需服鴉片，婆婆則將病因歸咎於吃了太多魚。家中大哥有淋病，使大嫂所生孩子皆夭折，可見家族缺乏現代家庭醫學素養與衛生觀念。阿綢好不容易捱到了第十二天的歸寧之日，「一想到下次不得不再回到婆家，就感到恐懼。突然，她開始覺得婆家是只有鬼怪棲息的恐怖所在」〔註47〕。買賣婚姻、鴉片、淋病等被視為落後的事物全展現在這個台灣家庭中，這落後性又被以妖魔鬼怪的隱喻連結到宗教民俗。阿綢的丈夫被暱稱為「八爺」，即黑無常，這段出嫁的行列其實是將她的魂押送到幽冥之界——現代社會之外的非理性世界——的隊伍。

　　在〈母親〉中，喪夫的阿桂和有偷竊習癖的兒子詮是被家族排擠的對象。又由於阿桂的寵溺，兒子越來越頑劣，母女倆在家族中的處境也越來越不堪。更不幸的是，六年後兒子如婆婆所預言成了老鰻〔註48〕，因械鬥砍傷人，已被警察拘捕六天，即將進監獄。阿桂憂慮地到廟裡求神問卜，祈禱能早日釋放。這段描寫特別地陰森。在黑夜已無參拜者的廟宇中，阿桂「喀啦」一聲將膝扣上參拜殿，她的臉色困苦憔悴，縮著肩垂著頭，不斷熱切祈禱。過了幾十分鐘才起身，拿起籤筒。「喀啦喀啦、喀拉喀拉。搖動籤筒的聲音震動四周的寂靜。在香緩緩升起的煙霧深處，是被燻黑的神像」〔註49〕。但阿桂拼命祈禱求到的，竟是寫著「危途實可憂」的下下籤。最後，她再一次跪倒神像前，哭喊：「詮，你到底被什麼附身了呢？」〔註50〕。

　　此文企圖呈現的嘲諷，是阿桂以民俗儀式對抗法律的無望。日本近代宗教文化史學者川村邦光指出日本現代開化論述將民間信仰貶斥為愚劣、野蠻的行逕。這不僅只於啟蒙與迷信解體的意識形態，更涉及國家權力將民間「知的系統」整個解體再編。從公共行政、衛生醫療到警察機關層層包圍，透過現代化的規訓與懲戒達成統治戰略〔註51〕。在殖民地台灣，民間信仰體系也

---

〔註47〕　原文如下：「ぢきまた婚家へ戻らればならぬ思うと、恐ろしい様な気がした。急に婚家が鬼ばかり棲んでいる処におもわれてくるのだった。」陳華培，〈花嫁風俗〉，收於中島利郎編，《台湾通俗文学集一》，頁320。

〔註48〕　原文「破戸漢」，日文音標ろーまあ，同前述西川滿〈城隍爺祭〉之「老鰻」。

〔註49〕　原文如下：「がらがら　がらがら　籤筒を振る音が辺りの静寂を揺すぶる。ゆらゆらと立ち昇る線香の煙りの奥に神様の像が黒く煤けていた。」陳華培，〈女親〉，收於中島利郎編，《台湾通俗文学集一》，頁291。

〔註50〕　原文如下：「お前は何かにとりつかれているんだよ。」陳華培，〈女親〉，收於中島利郎編，《台湾通俗文学集一》（東京：綠蔭書房，2002），頁293。

〔註51〕　川村邦光，《幻視する近代空間：迷信・病気・座敷牢、あるいは歴史の記憶》

成爲殖民政府以刑罰規訓的對象。如上一節指出，日治時期報刊文章視老鰻
爲一種台灣特殊風俗，應以法控管之。政府更頒布以打擊老鰻爲目標的「暴
力行爲取締法」，「以文明的制度撲滅野獸性的彼等」〔註52〕。〈母親〉文末阿
桂忽視自己寵壞兒子的事實，一味堅信其是被鬼怪附身，突顯了作者突顯民
俗信仰爲迷信的意味，而阿桂的兒子成爲老鰻被警察拘捕，代表了台灣民俗
中暴力的禍害被現代社會的法律系統懲罰。作者要強調的是，現代法律制度
的力量已凌駕於後進的宗教民俗之上，陰森的廟宇和燻黑的神像，是愚昧者、
也是這個現代社會邊緣者的信仰。

　　陳華培另一部中篇連載小説〈信女〉號稱「實錄小説」〔註53〕，編輯部
的評語爲「微微的諷刺」〔註54〕。女主角阿甘飽受無名病侵襲，爲死亡的恐
懼所苦。她不斷更換醫生、服用補藥偏方，病情仍沒有起色。臥病在床的她
逐漸憔悴消瘦，求助算命後，得知是冒犯了亡靈而被附身。爲了解決陰鬼纏
身，阿甘婆婆與母親四處求神問卜，最後請來乩童進行驅鬼儀式。乩童將王
爺公的木印烙在阿甘的隨身襯衣上，阿甘感到王爺公無處不在般守護著她，
終於回復健康，到廟裡獻上金牌還願。此文通篇集中描寫各式各樣的台灣民
俗儀式，將台灣民俗他者化爲落後、污穢文化的企圖表現得淋漓盡致。婆婆
媽媽們走訪台北近郊各處的陰祠破廟，用蚯蚓、青蛙所炒製的民俗偏方藥噁
心不潔，符仙將金紙貼在阿甘背上燒得紅腫潰爛。最後他們求助的王爺公廟
已是壁土剝落，陰森地彷彿可以聽到鬼在悲鳴。乩童則是個有鴉片臭味的男
人，「彷彿每咕噥一次就從口中蹦出一隻小鬼來，在那邊又蹦又跳，令人感
到說不出地鬼氣逼人」〔註55〕。即便乩童明顯表現出騙財的意圖，求助無門
的女人們仍然積極將他請回家。在病急亂投醫的一家老小中，唯一理性的阿
甘丈夫對民俗信仰的說法冷嘲熱諷，勸阿甘前往現代醫療機構「紅十字社」（赤

---

　　　　　（東京：青弓社，2006），頁 135。

〔註52〕　〈後藤檢察官長談自十五日起實施之暴力行爲取締法全島老鰻無賴漢自今後
　　　　　嚴罰之〉，《臺灣日日新報》，1923 年 9 月 16 日，第 04 版；周氣慨生，〈公開
　　　　　欄老鰻撲滅策〉，《臺灣日日新報》1925 年 2 月 17 日，第 06 版。

〔註53〕　〈編輯室たより〉，《臺灣婦人界》5 卷 11 號（1938 年 11 月），頁 124。

〔註54〕　〈編輯室たより〉，《臺灣婦人界》5 卷 9 號（1938 年 9 月），頁 128。

〔註55〕　原文如下：「男が口の中から小さいな鬼一匹づつ飛び出してきて、そこら辺
　　　　　を跳んだりはねたりしているような、何ともいえぬ鬼気の迫まる思いがし
　　　　　た。」陳華培，〈信女〉，收於中島利郎編，《台湾通俗文学集二》（東京：綠
　　　　　陰書房，2002），頁 234。

十字社）看病〔註56〕。然而，最後他不敵妻子、母親、丈母娘乃至整個家族的迷信氣氛，只能買醉發洩。在這個故事裡，非理性的力量凌駕一切，文中陰森破敗的寺廟、詭譎的道術、鬼影幢幢的空間、歇斯底里的女人們，使通篇民俗書寫成了陰性奇觀的展演。

　　〈信女〉反諷地呼應啓蒙式的破除迷信與政策控管上的刑罰懲戒。此外，還透露了當時現代精神病學的影響痕跡。川村邦光指出現代精神病學及病院系統引入日本後，將民間的狐狸附身及宗教驅靈等說法，重新以心理學重構爲腦疾與精神病〔註57〕。古來有的「被附身」（憑依）現象被現代科學重新解釋爲「歇斯底里」的精神妄想，也被病理學者與報刊雜誌視爲女性特有的疾病〔註58〕。1930年代的台灣已有數家官營及民營的精神病院，並有精神病院法加以控管〔註59〕。《臺灣婦人界》中刊載精神療養院的廣告，社論也經常以精神分析等心理學論述解釋女性疾病〔註60〕。〈信女〉阿甘的形象即依此塑造。在小說中，阿甘先是感到頭疼、胸悶、關節發痛，周身各處皆不快，卻找不到病因。她的情緒起伏不定，時而痛罵丈夫、時而悲從中來。這歇斯底里的狀態經過算命得到民俗上的解釋，即觸犯亡靈被鬼附身。自此之後，阿甘開始出現幻聽與幻覺，甚至聽到冥府獄卒的鎖鍊之聲。「有時胡亂生起氣來大聲叫嚷，有時被恐怖的鬼影追得驚慌亂竄、大哭大叫」〔註61〕。主體不穩

---

〔註56〕台灣在日治早期已有「紅十字社」這個跨國的現代醫療照護機構，曾招收看護婦，也曾與台灣愛國婦人會等組織合辦診療服務。〈赤十字社の巡回診療〉，《臺灣日日新報》，1934年9月25日，第3版。

〔註57〕川村邦光，〈近代日本における憑依の系譜とポリティクス〉，收於川村邦光編，《憑依の近代とポリティクス》（東京：青弓社，2007），頁18～32。

〔註58〕川村邦光，《幻視する近代空間：迷信・病気・座敷牢、あるいは歷史の記憶》，頁90～93。

〔註59〕〈臺南慈惠院で精神病院を新設經費は州の補助を俟って〉，《臺灣日日新報》，1925年8月15日，夕刊第2版；〈府立精神病院養神院仰總督官民臨場舉開院式臺灣精病患者福音〉，《臺灣日日新報》，1934年12月15日，第12版；〈臺灣の精神病者六千餘と見らる　近く精神病院法を實施〉，《臺灣日日新報》，1935年8月8日，第7版。

〔註60〕〈ヒステリーと神經衰弱の根本治療法〉，《臺灣婦人界》3卷10號（1936年10月），頁112；大槻憲二，〈婚期の遲延とヒステリー——職業と結婚の相剋——〉，《臺灣婦人界》5卷12號（1938年12月），頁34～35。

〔註61〕原文如下：「やむみに腹が立って喚きたてたこともあった。恐ろしい影に追われて狼狽え、逃げ惑いながら泣き騒いだこともあった。」陳華培，〈信女〉，收於中島利郎編，《台湾通俗文学集二》（東京：綠陰書房，2002），頁231。

定、分裂的危機隨著故事進展越加明晰。

　　阿甘體內鬼影的磨合，表現出主體與內部他者的衝突協商。法國精神分析學者克理斯蒂娃（Julia Kristeva）曾延伸佛洛伊德所提出伊底帕斯情結，以小寫他者（母親）——主體（我）——大寫他者（父親）的關係來解釋主體如何透過賤斥（abjection）來建立自我。大寫他者（父親）代表權威的象徵秩序，其召喚並占有了主體〔註62〕。小寫他者（母親）造就主體的誕生，卻也被視爲卑賤物（abject）的來源，代表無以名之且被貶抑驅逐的威脅，永無止盡地挑戰、騷擾著主體。主體爲進入父系的象徵秩序，必須與來自母體的卑賤力量奮戰，其「戰略是排拒、排斥，以及自我排拒、自我排斥。亦即，賤——斥。」〔註63〕。這被排斥的卑賤物，具體上化爲經血、排泄、嘔吐等實質，抽像意義上則是「社會整體基礎的社會理性和邏輯秩序所無法捕獲的對象」。以陽具理性爲基礎的象徵秩序並非堅不可破。克莉絲蒂娃進一步指出，正是卑賤物的存在，證明透過劃分異己建立的象徵秩序永遠承擔著風險，表面的征服永遠會受到來自母系的陰性力量威脅。主體在身分認同的路途上，必須透過淨化儀式去分別自我與卑賤物。同時，這個儀式也回探了這來自母體最古老的痕跡，儀式本身便成爲一種書寫，是主體與內部的卑賤他者面面相覷的過程〔註64〕。

　　如果根據克理斯蒂娃所說，書寫是種排除卑賤物的淨化儀式，是冒險投入母性的古老力量，並透過語言符號重新憶起、聆聽並超越這被賤斥的印記〔註65〕。陳華培書寫民俗的企圖則對應到小寫他者（台灣民俗）——主體（書寫者）——大寫他者（日本殖民現代性）這組關係，他的書寫可被視爲一種賤斥台灣落後民俗、投奔日本殖民現代性的淨化儀式。然而，他重探自身文化母體後的結果卻與這淨化儀式的路徑完全相反。〈信女〉中病入膏肓的阿甘，在民俗儀式中得到王爺公的護體終至痊癒。在小寫他者（鬼／王爺公）——主體（阿甘）——大寫他者（理性丈夫）的關係中，主體對民俗怪談中的鬼神從賤斥、妥協到接受，最後投奔鬼神的懷抱而完全背離了現代理性秩序。

---

〔註62〕Julia Kristeva，彭仁郁譯，《恐怖的力量》（臺北縣新店市：桂冠，2003），頁14。
〔註63〕同上註，頁17。
〔註64〕同上註，頁85～95。
〔註65〕同上註，頁95。

女主角阿甘從患病到治癒的過程表現出如下的轉折。一開始阿甘在夢境與現實都感到屋內異聲四起、鬼影幢幢，極欲擺脫卑賤他者的鬼影。婆婆找來符仙作法，將草人穿上阿甘的衣服，引來陰鬼後，勒殺草人的脖子並點火燃燒。婆婆負責在一旁號哭，大廳甚至掛起了阿甘的遺照，令她想像起自己死去的情景。此時阿甘仍將陰鬼視為主體之外的卑賤他者，但兩者的界線已開始模糊。某一日夜裡，不成眠的阿甘為逃離鬼影而跑出村莊。逃跑途中，阿甘想到自己身體裡被鬼附身，早已與鬼一體，又何需對身後的鬼影感到害怕？她不可思議地暫時回復了生氣，甚至能夠做家事、大啖美食，這也是主體與卑賤他者妥協的開始。最後阿甘經歷了驅鬼儀式，貼身穿著王爺公的木印，隨時都能感到王爺公的守護，她的病終於痊癒，甚至甩開一旁想冷嘲幾句的丈夫，梳妝打扮去祭祀王爺公，彷彿要獻身一般。這段過程中，佔據阿甘身心的並不是代表父系理性權威的大寫他者，而是母系陰性的小寫他者。阿甘領悟到這卑賤的小寫他者其實就是來自阿甘自身的陰性自我，而她從拒斥到接納的轉變，則代表主體與陰性自我的協商過程。陳華培筆下的民俗被賤斥而陰性化，但這卑賤物其實就在主體之中，這卑賤的陰性自我即是主體不可分割、無法排除的一部分。〈信女〉的諷刺外衣源自於對自身陰性成分的壓抑與恐懼，最後的圓滿結局卻成就於對陰性自我的妥協與接納。

現代精神病學的話語痕跡塑造了阿甘的主體危機，但是弔詭地，阿甘卻無法被現代醫學治癒，而被民俗咒術所拯救。女性身體從象徵現代的丈夫出走，投奔向非現代的民俗神祇，這似乎暗示殖民現代性的計畫無法掌握、凌駕他者，也無法斷開主體與原生土壤與文化的連結。文本中阿甘與鬼之間分裂的主體危機，可以對應到文本外陳華培與台灣民俗落後性的主體危機。他書寫的出發點基於殖民現代性的視角，欲將落後的民俗他者排除，書寫的成果卻展現出對陰性自我的協商與包納，透露台灣人主體與民俗的難分難捨。陳華培的殖民擬仿，最後卻指向如何擬仿也無法超越的差異，浮現出如何排除也無法切割的陰性自我。他的民俗書寫如同霍米巴巴概念中「幾乎一樣，卻不完全相同」的擬仿，以一個不完全且永遠在文化差異之間協商的主體，突顯出殖民改造計畫的不可能性。

# 小　結

日治時期知識份子對台灣民俗的詮釋，經歷日治初期「舊慣」到日治末

期「民俗」的轉化。「舊慣」代表現代社會需排除的他者,「民俗」則透露以在地風土建構自我認同的意味。1930 年代處於從舊慣到民俗的過渡期,身為內地人的西川滿書寫了華麗的「民俗」,本島人的陳華培呈現出頹敗的「舊慣」。西川滿的動機是將台灣民俗這個他者挪為己用,掌握對台灣民俗的詮釋權,向日本中央文壇展示「外地文學」;陳華培則是為排除台灣文化主體內部落後的民俗他者,擬仿日本殖民現代性的視點。

他們筆下的民俗展現迴異的美學,西川滿〈蘭人頌〉、〈城隍爺祭〉與〈梨花夫人〉以東方主義美學將異國事物抽離脈絡挪用為空洞的華麗拼貼;陳華培〈新娘風俗〉、〈母親〉與〈信女〉卻表現出落後、汙穢、破敗感的恐懼氛圍。雙方的書寫中透露相異的性別化呈現。西川滿〈城隍爺祭〉與〈梨花夫人〉中呈現外來知識份子、在地父系權威與在地女性三種主體位置。女性是外來與在地兩種父系敘事慾望爭奪的客體。老鰻的暴力凌駕外來知識份子,代表了陽剛化的民俗他者。兩篇小說中掌控了敘事權威的籤詩則象徵了既有漢文化自成體系的秩序,透露西川滿不得不挪用之卻又對其暗感威脅的矛盾心理。陳華培〈新娘風俗〉、〈母親〉與〈信女〉透過封建婚嫁儀式與求神問卜的女性形象,塑造出一個必須被啟蒙思維與現代法律管控割除,代表無知、落後及犯罪性的民俗。〈信女〉中女性被鬼附身而歇斯底里的主體危機,透露現代精神病學視線對民俗的介入。然而,主體內部的他者從趕不走的陰鬼成了守護神,這陰性的他者實是自我不可分割的一部份,也暗示台灣人主體與台灣民俗間無法斬斷的連結。從兩位作家華麗與陰沉的民俗建構中,可以發現西川滿試圖掌握,卻始終無法掌握的陽剛他者,以及陳華培試圖分割,卻始終無法分割的陰性自我。

# 第五章　通婚與混血：國族寓言中的女性身體

## 前　言

　　在第三章、第四章的討論中，《臺灣婦人界》創作者爲了烘托具現代教養的文明女性典範，逸出賢妻良母規則的底層女性以及信仰台灣宗教民俗的女性成了被差異化的群體。帝國主義統馭異文化的手段，一方面仰仗對差異性的排除，另一方面則訴諸對差異性的整編。在《臺灣婦人界》中，日本的殖民同化計劃乃是透過女性在父權社會中婚姻交易結構的角色，以及現代國家爲女性所賦予的血緣與文化傳承任務，試圖達到異民族的精神改造。社方基於同化政策與「內台融合」刊旨所鼓吹的「內台共婚」論述中，嫁到台灣的日本女性被視爲帝國同化計劃的最前鋒，混血兒則是替日本精神揚威的新國民。

　　《臺灣婦人界》處理通婚與混血題材的小說，有榎本眞砂夫〈流轉——描摹殖民地某位女性的人生——〉（流轉——殖民地に描かれた或る女の人生——）、橋本尙夫〈永遠的愛〉（愛よとわに）與別所夏子〈葦分舟〉。這三部作品以婚戀、家庭與女性生命史爲情節架構，並透過不同國族角色來描繪文化差異的衝突，可以被視爲國族寓言來討論。根據詹明信（Fredric Jameson）之說法，國族寓言的特質是私領域與公領域的不可分割，個人的日常生活滲透了國族的政治意涵，個別角色的命運與家國社稷的古往今來休戚與共。雖然詹明信基於人道主義關懷所提出「所有第三世界文本必然是國族寓言」的

著名論斷〔註1〕，以第一世界文學的普遍性準繩將第三世界文學給差異化，引起了諸多爭議。但是，上述三部小說中所有私領域的小情小愛皆彰顯出強烈的政治目的，每位國族人物皆代表了特定國族文化的標籤，他們的遭遇皆牽涉到不同國族文化的角力，以國族寓言來檢視應可提出有效的解讀。

上述三部小說以國族寓言的形式來宣揚日本殖民政策的文明改造計劃。女性首先以文明使者的典範姿態成爲同化動員令的執行者，接著她們的身體成爲台日雙方文化馴染的角力場所，最後又化身爲島嶼土地的象徵，承載了多重殖民與文化混雜性的歷史軌跡，爲東亞各方的帝國勢力爭奪。她們身體力行文明與同化的信念，卻同時也以一己之身彰顯對殖民論述與國族主義文化敘事的提出質疑。

# 第一節　「同化政策」的矛盾與「內台共婚」

如本文第二章所指出，《臺灣婦人界》的創刊目標之一即爲促進內台融合、響應同化政策，從意識形態的操作，達到身體力行的動員。「同化政策」的前提立基於日本現代文明與天皇信仰的優位性，其理念可溯源至領台初期擔任總督府技師，後在東京大學開設殖民政策講座的新渡戶稻造。他表示同化政策爲「基於一視同仁思想的政策，但因有語言風俗之差別，同化乃難事且須長年歲月。……同化政策使原住民與母國具有同樣風俗習慣宗教等，其效益在於可防止種族的反感，其手段以雜婚與語言爲主」〔註2〕。他的一視同仁有其但書，須先評估被殖民者的日本化程度。爲在台灣開展這漸進式的移風易俗目標，殖民政府第一任學務部長伊澤修二始實施以日語教育爲中心的「同化教育」。民政長官後藤新平以科學統治的「生物學原則」打造產業、衛生、交通等基礎，使住民「立於生存競爭場中，實現適者生存之原理」〔註3〕。這樣的「競爭場」對被殖民者絕非公平。石田雄指出同化政策包納與排除的兩面性。其宣稱所有殖民地住民皆爲天皇的子民，在精神上要求被殖民者以

---

〔註1〕 Fredric Jameson, "Third-World Literature in the Era of Multinational Capitalism," *Social Text* No. 15（Autumn, 1986）, p. 69.

〔註2〕 新渡戶稻造，《新渡戶稻造全集》第4卷（東京：教文館，1969），頁158。轉引自蔡錦堂，〈日本治台時期所謂同化主義的再檢討——以內地延長主義爲中心〉，《臺灣史蹟》第36期（2000年6月），頁243～244。

〔註3〕 蔡錦堂，〈日本治台時期所謂「同化政策」的實像與虛像初探〉，《淡江史學》第13期（2002年10月），頁181～192。

忠誠換取平等，但又以差別化的參政權等制度強調中心與邊緣分隔。一手給糖一手拿鞭，讓特定象徵人物（token）得以在體制裡晉升，又對異議份子實行制裁分配邊疆〔註4〕。面對這樣的同化政策，殖民地知識份子蔡培火等企求「一視同仁」不果，批判同化為「愚民化的看板」，轉而要求議會自治〔註5〕。日本在外部民族自覺風潮、內部大正民本主義氛圍之下，又因應臺灣議會設置請願運動，自 1919 年起總督府從武官改為文官統制，提出「內地延長主義」，具體實施內地法律與制度的延長。其包含了日本內地民法商法的延伸、「內台共學」以及「內台共婚」制。

　　雖然新渡戶稻造已揭櫫「雜婚」是同化之一手段，但由於台灣未與日本實行同一戶籍制度，無法自由轉籍，故內台婚姻不被法律承認。內地女性嫁入本島家庭常為幽靈戶口，而本島男性須成為「婿養子」入籍女方家族來維持姻親關係。因戶籍的認可將牽涉兵役問題，殖民政府直到統治結束都未在台灣施行與日本相同的戶籍制度〔註6〕。為進一步透過通婚來實施同化〔註7〕，殖民政府制定了特別法，即 1933 年頒布的「共婚法」〔註8〕。1934 年創刊的《臺灣婦人界》旋即發表一系列「共婚座談會」、「共婚者的煩惱」專題詳細討論共婚者所抱持的理念與生活實況。

　　這些記錄中多是本島人男性和內地人女性的結合。男方普遍為資產階級望族出身，於留學日本時和女方相識結婚，過著日本式的現代生活〔註9〕。一

---

〔註4〕 石田雄，〈「同化」政策と創られた觀念としての「日本」（上）〉，《思想》第 892 期（1998 年 10 月），頁 47～75；〈「同化」政策と創られた觀念としての「日本」（下）〉，《思想》第 893 期（1998 年 11 月），頁 141～174。

〔註5〕 蔡錦堂，〈日本治台時期所謂同化主義的再檢討——以內地延長主義為中心〉，《臺灣史蹟》第 36 期（2000 年 6 月），頁 244～245。

〔註6〕 廖苑純，〈異族婚姻的法制與文化調適：以日治時期「內台共婚」案例分析為中心〉（台南：成功大學歷史學系碩士論文，2012），頁 10～19。

〔註7〕 吳佩珍從皇民化時期文學指出以同化為目地的「內台共婚」。不過從《臺灣婦人界》觀察，在 1937 年皇民化運動開始之前，通婚已被視為同化政策的一環。吳佩珍，〈皇民化時期的語言政策與內台結婚問題：以真杉靜枝〈南方的語言〉為中心〉，收於《真杉靜枝與殖民地台灣》，頁 115～116。

〔註8〕 〈內臺人共婚法決定三月一日施行〉，《臺灣日日新報》，1933 年 1 月 20 日，夕刊第 4 版。

〔註9〕 何純慎指出在同化政策下的男女性別分業促進此種共婚型態，因資產階級台灣男性與日本賢妻良母主婦的結合較易達成現代化日式生活的條件。何純慎，〈植民地統治下台湾における近代女性像の形成：『台湾婦人界』を中心に〉，頁 90～91。

位嫁給本島人的女性小田原輝，是共婚系列專題中特別活躍的樣版人物。她批判許多內地人對本島人展現的優越心理，申明共婚者才是同化主義方針的楷模：

> 在過去有許多喜愛日本而歸化的外國人受到日本的包容。在多種多樣的民族中植入了日本魂後，今日要如何使這些子孫的大和魂奮起呢？考量到此，內地人諸位須留心不可敗壞誇耀世界的義理人情與具深厚武士道的日本精神，在台內地人應該承擔起對新國民呼籲的義務。〔註10〕

小田原輝的修辭也顯現出包納與排除的兩面。她強調日本對外來種族的「包容」，欲以大和魂來統合多元異族，但她也透露日本精神「敗壞」的可能。這個敗壞危機，是來自異族的他者性。小田原輝對子女教育的觀點是：「台灣既然屬於日本就必須盡量避免把與支那風俗相通的台灣風俗完全引進來教育子女」〔註11〕。她對於異族成爲日本人具有強烈的信念，但異族的既有風俗被視爲一種文化雜質，在混血兒成爲純粹日本人的道路上必須排除。關於混血兒的教育問題，林英子認爲必須爲了子女更加貫徹日本式的生活，展現對國家的赤誠。中間秀子則表示她的孩子在被歧視之後，慨然表示要更加努力讀書，以海陸軍元帥爲榜樣〔註12〕。

另一方面，共婚專題也紀錄了諸多本島男性菁英的意見。前述小田原輝的丈夫小田原伯可任職於交通局，是婚後入妻子籍的本島人男性。儘管被批評「忘祖」，他仍爲了「成爲名實皆備的日本人」而斷然改性〔註13〕。他在座談會中嚴正抗議對本島人及混血兒使用侮辱性詞語「汝呀」（リーア）〔註14〕。

---

〔註10〕原文如下：「過去に於て好んで日本に帰化する外国人をも沢山日本は包容して居ります。多種多様な民族に日本魂を植へ付け今日その子孫如何に大和魂を躍如たらしめている事であるかを考がへては内地人の皆様方も世界に誇る義理人情に厚い武士道的日本精神をけがさない樣心掛けつつ新しい国民に呼びかける義務を台湾在住の内地人方々は持っていられる筈でございます。」〈共婚者の悩み〉，《臺灣婦人界》3卷10號（1936年10月），頁52～53。

〔註11〕原文如下：「支那風俗に通ずる台湾の風俗をそっくり家庭の取り入れて子女を教育するという事は台湾が日本である以上なるべく避けなければならないと思います」〈共婚者の悩み〉，《臺灣婦人界》3卷10號（1936年10月），頁52～53。

〔註12〕〈共婚者の悩み〉，《臺灣婦人界》3卷10號（1936年10月），頁49～52。

〔註13〕同上註，頁52～53。

〔註14〕〈共婚座談會〉，《臺灣婦人界》1卷創刊號（1934年5月），頁50～51。「リ

另一位共婚者楊承基主張應爲本島人廣設學校，培養同等的學問、賦與同等的權力義務，自然就能改正內地人對本島人的差別感〔註15〕。他們並以1934年日本子爵之女黑田雅子參加非洲伊索比亞皇族王子的新娘甄選，讓衣索比亞廣爲日本大眾所知一事爲例〔註16〕，提倡以共婚來宣揚台灣所具備的文明程度。本島人男性菁英試圖以改姓氏、改稱謂的形式來翻轉文化位階，強調透過制度及教育讓本島人與內地人平起平坐，突顯以文明程度博得認可的慾望。日本人視跨種族、跨國聯姻爲文化統合的手段，台灣人視爲自身文明程度被認可的契機。細究這些當時的記錄，可觀察到台日雙方在同化大架構下的信念，乃是異族能透過精神、語言、文化上的一致與制度上的平等成爲日本人。

　　同化政策的表像，在文學作品裡往往充滿破綻。吳佩珍曾討論過眞杉靜枝〈南方的語言〉中，屬於低下階層卻操著流利日語的本島男性，與東京帝都女學生的結合。兩人的婚姻建立在語言之上，但結尾丈夫遭逢變故，暴出一句台灣閩南話的粗口，突顯出改造身分認同的不可能性，動搖了表面的同化〔註17〕。此外，星名宏修整理日治中末期一系列關於通婚與混血的書寫，揭示其中同化政策與優生學思想的牴觸，討論混血兒如何成爲這兩種文化敘事鬥爭的舞台〔註18〕。吳佩珍〈台灣皇民化時期小說中「血」的象徵與日本近代優生學論述〉進一步爬梳日本優生學從明治時期雜婚強種到昭和時期擁抱純血的轉變，解析陳火泉、王昶雄的小說處在「異族可經由文明化成爲日本人」以及「日本純血優越論」兩股對立論述的邊境，並以小說人物在後天文化認同與先天血液記號之間剝離的矛盾，揭穿殖民論述在同化政策與純血

―ア」一語近似台灣閩南語「你呀」，黃寶桃〈感情〉中的混血兒太郎與龍瑛宗〈植有木瓜樹的小鎮〉中的陳有三皆被此稱謂嘲弄。星名宏修，〈植民地の「混血兒―「內台結婚」の政治學〉，收於藤井省三、黃英哲、垂水千惠編，《台湾の「大東亜戦争」》（東京：東京大學出版会，2002），頁290。
〔註15〕〈共婚座談會〉，《臺灣婦人界》1卷創刊號（1934年5月），頁50～51。
〔註16〕來龍去脈參考《臺灣日日新報》〈エチオピアへ嫁ぐ黑田雅子姬〉一系列報導。〈エチオピアへ嫁ぐ黑田雅子姬（4）〉，《臺灣日日新報》，1934年3月18日，夕刊02版。《臺灣婦人界》另刊載一短篇小說〈伊索匹亞小姐〉（ミス・エチオピア）似是延伸此一事件所做。內海伸，〈ミス・エチオピア〉，《臺灣婦人界》2卷12號（1935年11月），頁70～71。
〔註17〕吳佩珍，〈皇民化時期的語言政策與內台結婚問題：以眞杉靜枝〈南方的語言〉爲中心〉，頁115～116。
〔註18〕星名宏修，〈植民地の「混血兒―「內台結婚」の政治學〉。

優越論之間無法自圓其說的破綻〔註 19〕。如同吳佩珍指出看似服膺殖民論述的「皇民作家」如何以一矛盾主體之身對殖民者提出控訴，筆者延續這個觀點，探討文明女性典範的打造如何表達對殖民同化計畫的信念，同時也自我暴露出殖民計畫從內部瓦解的可能性。我將以霍米巴巴的說法為輔助，討論殖民者與被殖民者視線交換所造成的權力逆轉、殖民論述「模稜」（ambivalence）之處的自相矛盾、以及同化計畫面對被殖民者「混雜性」（hybridity）的徒勞。

## 第二節　交換視線、逆轉位階：榎本眞砂夫〈流轉〉

　　榎本眞砂夫在《臺灣婦人界》上以漫畫家著稱，1936 年的〈流轉——描摹殖民地某位女性的人生——〉是他於該刊發表的唯一一部小說。女主角早田清子原在東京新宿的律師事務所擔任打字員，她在通勤時偶然遺落了手提包，一位乾淨體面的青年拾起送還，兩人就此相戀交往。這位青年楊訓銘為台灣出身，是台北某大茶行主人之子，家世闊綽。因兩人內台身份，楊訓銘在婚姻上有些被動，清子的親友更是極力反對。清子於是與家中脫離關係，「自願投身於冒險的內台結婚問題中」〔註 20〕，拋棄一切在東京郊外與楊訓銘共築愛巢。此處的內台結婚問題，狹義來說應指前一節所提到無法自由轉籍的障礙。清子無法入籍男方家庭，楊訓銘未得清子家人接受，無法以婿養子身份成為姻親。廣義來說，清子投奔這段內台婚姻也象徵她就此逸脫於婚姻、法律乃至整個社會規範的體制之外。

　　這段婚姻開啓了清子在中產與無產階級間、性別體制內外「流轉」的生命史。婚後不久，楊訓銘收到父親死亡的電報，留下懷孕的清子返回台灣。過了數月，楊訓銘仍音訊全無，清子賣了所有家當，帶著出生兩個月的女兒映子搭上內台航船，來到台灣。到處打聽後得知楊家因鉅額負債，所有財產都被抵押，楊訓銘也變得神智不清，消失得無影無蹤。接著情況雪上加霜，映子染病住院。為了負擔鉅額的醫藥費，清子便投入了賣淫一行。為了映子的未來，清子忍痛將她賣給家世良好的人家，自己輾轉在台灣各地的遊廓工作，只盼早日脫離風塵，將賣掉的女兒贖回。三年之後清子還清所有的借貸，打算贖回女兒。沒想到女兒竟被轉賣給了一個本島人。清子向派出所尋求幫

〔註 19〕吳佩珍，〈台灣皇民化時期小說中「血」的象徵與日本近代優生學論述〉。
〔註 20〕榎本眞砂夫，〈流轉——殖民地に描かれた或る女の人生——〉，收於中島利郎編，《台湾通俗文学集一》（東京：綠陰書房，2002 年），頁 244。

助，總算找到女兒映子時，她已經變成一個粗鄙的台灣小孩。清子努力教導映子日語及禮儀，不久映子卻染肺炎死去。絕望的清子「為了從工作之中再次發現新希望，勇敢地投身於現代生活戰線」（〈流轉〉，頁253），重拾打字員的技術。這整篇故事擬一個傑出女性報導的形式，文末採訪者形容她的身影優雅地啜飲紅茶，將自己的故事娓娓道來。就清子本身的生命史而言，這篇小說訴說了女性典範化的過程，清子儘管淪落到社會底層而從娼，但是她始終深信文明教養是生存之道，因此她情願為了女兒的將來而與她硬生生分離。遭遇接連不斷的逆境之後，她確信掌握現代技術以及專業能力是唯一的救贖。最後她甚至能夠接受採訪，將自己的經歷傳達給大眾，成為公領域的榜樣。在第三章中筆者曾討論《臺灣婦人界》許多女性作家描繪女性於不同階級與地域遷徙流動，最後回歸主流身份的典範化過程。此處清子的形象也彰顯了同樣的主旨。

〈流轉〉特地以「內台共婚」為題材，文中最值得注意的是台日文化差異性的碰撞交鋒，以及雙方權力位階的反轉。霍米巴巴曾討論法農筆下白人與黑人的視線交換。在殖民情境下，殖民者優越的自我定位必須仰賴被殖民者卑下的存在，但被殖民者扭轉位階的慾望卻也是殖民者揮之不去的威脅。這種權力位階的反轉就發生在殖民者與被殖民者視線交換的一瞬間〔註21〕。在〈流轉〉中，這一幕是清了前往派出所和映子相認的場景。清子打聽到映了是被一位名為吳德來的本島人買去，獲台北警署的高層幫忙，尋到此人的下落。吳德來領著映子到派出所報到，給清子指認。吳德來右眼下有著傷，映子畏畏縮縮地站他身旁。映子「身上沾滿了油汙，眼神好像認不出我來。衣衫襤褸、打著赤足」，「頭髮也沒梳，失去光澤而發黃。因為營養不良而骨瘦如柴、皮膚蒼白」（〈流轉〉，頁252）。清子幾乎無法相信這個孩子就是映子，直到她猛然看見孩子耳後的黑痣，才確認是自己的孩子，激動地對她伸出雙手。

> 孩子「哇！」地發出哭聲，鑽過她的手，躲到在房間一隅臉含冷冷
> 嘲笑的吳德來背後。
> 「小映！是媽媽喲！小映！」
> 孩子對這突如其來的變故感到恐懼起來。映子再一次鑽出母親的

---

〔註21〕 Homi Bhabha, *The location of culture*, pp. 40～45.

手，緊貼著吳德來的身體不放。

「阿爹！」

「小映妳不認得我是妳的、是小映的媽媽了嗎？」

母親的語言對孩子來說無法理解。

「小映連日語也忘記了吶」（〈流轉〉，頁 252）〔註22〕

到這裡清子終於受不了打擊，眼前一黑暈倒。此處的派出所象徵了殖民體制的位階分配，警察代表了體制的主宰者。因為「內台結婚問題」而逸脫體制之外，失婚又墮入風塵從娼的清子，憑依著母德的奉獻精神獲得北署署長的禮遇，再一次得到了體制的保障。吳德來身為台灣人的角色，是體制中受壓制的一方。日本警察提及他的口氣相當輕蔑（「那個男的叫什麼來著（あの何とか言う男）〈流轉〉，頁 252）。他站在警局一隅顯示了他的邊緣地位。在警察和清子面前的吳德來毫無發言權，他眼下的傷口更暗示他可能被日本警察毆打挾制。關於混血兒映子的描述，幾乎令人懷疑她並非清子的孩子，而確實是本島人家庭的孩子。她的衣衫襤褸、面黃肌瘦表示本島家庭無法提供健康的生活條件，沒梳頭髮暗示本島家庭所提供教養教育的低落。忘了日語的她，更是完全丟失了進入女性典範行列的入場門票。這些皆與《臺灣婦人界》上一再諄諄告誡的家庭教育準則（居家健康管理、子女教養的育成等等）相牴觸，刻意突顯了台日文化位階上的優劣之分。

然而，吳德來那令人不安的冷嘲，使他成為這篇小說中最具威脅性的面孔。吳德來與清子對映子的爭奪，呈現出一個台日文化彼此角力的國族寓言。吳德來代表一種具有吞噬性的文化渲染力，雖只能站在象徵體制邊緣的派出所一隅，但他對映子有著壓倒性的掌控權。他受傷臉孔的卑屈感，在露出冷冷嘲笑時整個扭轉了過來，變成面對無力挽回女兒的清子的優越感。作者嘗試營造最悲劇性的時刻，正是清子忍著骨肉分離的痛，期盼映子能在良好家庭長大、做一個有良好教養的日本女孩，最後她卻成了一個骨瘦如柴沒有得

---

〔註22〕原文如下：『子供はワッ！と鳴き声をあげて彼女の手をくぐるぬけて、部屋の一隅にせせら笑ひをうかべてたっ吳德來の背後にかくれた。／「映ちゃん！お母ちゃんよ、映ちゃん！」／子供この突然の出来事全く恐怖しきってしまっていた。再び母の手をすりぬけて映子は吳德來の体にかじりついてしまった。／「阿爹！」／「映ちゃんわからないの、あなたの、映ちゃんのお母ちゃんがわからないの？」／母の言葉も子供には通じなかった。／「映ちゃんは日本語もわすれちまったのね」。』

到足夠營養的孩子，一個沒梳頭髮、打赤腳的沒教養的孩子，一個操著台語、喊出「阿爹！」的台灣孩子，再也無法認得母親文明的語言的時刻。派出所的這個場景，正如同霍米巴巴談論法農時所論被殖民者與殖民者視線交換的過程，優勢與弱勢的權力位階有了瞬間的動搖。

清子在警察的介入下帶回映子後，奮力執行改造計畫。為了讓映子忘記台語，還把她帶到內地生活兩個月。映子因為完全不會日語，被附近的孩子嘲笑虐待，兩人才又回到台灣。後來映子總算能夠模模糊糊地認得日語，清子並教授她唱歌和禮儀（兩者皆是女學校的科目），映子變的如同可愛的娃娃一般。情節至此似乎是對同化信念的再一次肯定，彷彿任何出身、任何經歷的差異主體都可以被成功地教化。然而當清子感到映子「變回自己的映子」之後一個月，映子就染上肺炎死去了。映子被形容成娃娃，似乎透露被迫文明化、典範化的她並沒有活生生的血肉。她被埋葬於黑土中，成了國族文化角力下的犧牲品。這一段落的標題「末竟之夢」（見果ぬ夢），除了表達清子與女兒的團圓夢碎，也暗示清子就算能倚仗體制優勢奪得映子，卻從未曾真正地把映子從吳德來之手帶回她的身邊。

# 第三節　矛盾的同化：橋本尚夫〈永遠的愛〉

〈永遠的愛〉於 1935 年發表在《臺灣婦人界》，為任職總督府專賣局的業餘文藝家橋本尚夫所撰〔註 23〕。故事圍繞著四位青年男女的事業發展與戀情糾葛。本島人吳成家是大稻埕資產家的次男，就讀日本的飛行學校，成為二等飛官。灣生的志賀義文攻讀日本的工科大學，喪父的他能夠出人頭地，是志賀寡母的唯一希望。志賀的情人伊藤早苗是內台混血兒，內地人父親於領台初期死於土匪之手，她在本島人母親的家族中成長。早苗雖然與志賀自由戀愛，卻因家裡作土將她嫁給吳成家，又遭排斥異族婚姻的志賀母親反對。兩人協議私奔到東京，吳成家卻動用大稻埕的角頭勢力阻撓，最後如願娶得早苗進門。心灰意冷的志賀畢業後成為日本軍工廠勞工，在東京和留學日本千金學校的吳成家之妹麗華玩起戀愛遊戲。

在小說的開頭，志賀前往東京郊外鎌倉的飛行學校拜訪吳成家，兩人談

〔註23〕〈專賣局養氣俱樂部改築成る〉，《專賣通信》新年特輯號（1932 年 11 月），頁113；〈愛讀者はかきたり〉，《臺灣婦人界》2 卷 11 號（1935 年 11 月），頁92。

起學期結束後的打算。吳成家的日語流利，首先提起友人參與台灣民眾黨被公開審判，人生毀於一旦。返鄉船上刑警會調查本島人攜帶的書籍，分別叫出去盤問，令他想到就煩悶。吳成家以民族身分控訴本島人身為二等公民，在殖民地環境下忍受政治不平等與司法騷擾。志賀則從自己的階級身份反駁，表示吳成家為可以負擔二等艙船票的優勢階級，應不會遭受如此狀況，只能搭更下等船艙的自己反而遇過搜查，才是思想檢查的受害者。

故事情節即透過兩位男性的競爭，在主體位置的優勝劣敗間展開。這部小說背後的意識型態，是以現代文明發展下，社會達爾文主義物競天擇、適者生存的前進論為指標，小說開頭中的吳成家無疑的是勝利者。身為飛官的他有著如此的視野：

> 築地魚市場整齊的屋頂──銀座大道聳立的三越、松屋、伊東屋、
>
> 服部鐘錶店的樓房──面對橫向的高架道路，丸之內的現代文化建
>
> 築群立──從這天空中看去只不過是火柴盒般的存在〔註24〕。

吳成家睥睨於東京都精華地段的上空，他甚至不需要忍受內台往來渡輪裡的國族歧視，計畫以鄉土訪問飛行風光回台。飛行員不僅是駕馭現代文明的英雄，殖民地報刊中最具代表性的台灣第一位飛官：謝文達，即是官方、民間報章雜誌分別建構的日本臣民榮光與台灣民族主體性的表徵〔註25〕。他可以代表本島人成為現代社會的勝利者，得到權力核心與皇族的表彰，但同時仍保有自身的主體性，隨時可能動搖日本國族論述的同化表象。橋本尚夫藉飛

---

〔註24〕原文如下：「築地魚市場の並んだ屋根──銀座通りに聳える三越、松屋、伊東屋、服部時計店のビルヂング──橫に走る一条の高架線の向ふには、丸の内近代文化建築の群立──それもこの大空からは、燐寸箱のやうな存在でしかない」橋本尚夫，〈愛よとわに〉，收於中島利郎編，《台灣通俗文学集一》（東京：綠蔭書房，2002），頁201。

〔註25〕謝文達於1920年風光返台進行鄉土訪問飛行，且奉迎日本皇室親族，向台灣神社方向進行空中參拜，受帝國飛行協會與總督府官民獎勵愛戴。大竹文輔，《臺灣航空發達史》，（台北：臺灣國防義會航空，1939），頁497～512。1923年，台灣議會設置請願運動第三度至東京，《臺灣》記載謝文達駕機聲援，在東京上空散發請願宣傳單。〈我が熱血兒謝文達君〉，《臺灣》4卷6期（1923年6月），頁90。《臺灣日日新報》則批判議會設置請願運動違憲且妨害社會安寧，強調謝文達聲援一事全為虛構。〈臺灣議會設置請願は明かに帝國議會の範圍を侵さんとする憲法違反である　謝文達の宣傳飛行は大噓〉，《臺灣日日新報》，1923年3月11日，第7版。以上可見兩方國族論述在謝文達形象建構的意識形態軌跡。

官之形象，塑造出具資產階級背景與民族意識、又是現代浪潮領先者的吳成家，浮現出具雙重威脅性的本島人男性身影。

　　面對這樣的對手，在「農村的匱乏」、「勞動大眾地位惡化、中產階級沒落」的恐慌中掙扎求生的志賀，可說是全面潰敗。大學畢業後他只能覓得鐵工廠工人的職位，「夜班之後是下一次的夜班」，在機具間過著暗無天日的生活。「裁剪、車床、鉚釘的轟響——飛散的火花——熔鑛爐的氣味／——埋首在鍋爐間，彷彿要爲外力拖曳般嘈雜的聲響深入頭腦的一角，不覺頭暈目眩」（〈永遠的愛〉，頁 213）〔註 26〕。志賀活在現代社會表面榮景後的陰暗處，被機械般的生活所異化，只能每夜麻木地買醉，透露成爲現代社會敗北者的濃烈挫折。他自忖失去經濟根柢的知識階級，需要「某種強大的力量」去克服過這段「馬克思主義衰退，自由主義、法西斯主義登場，種種紛亂思想趨勢」的過渡時期（〈永遠的愛〉，頁 202）。

　　志賀所欲求的強大力量爲何？對台灣與內台混血兒女性身體的爭奪，成爲志賀翻轉劣勢主體位置的契機。早苗雖足台灣人家族裡成長的混血兒，但志賀宣稱「愛是血液無法阻擋的」（〈永遠的愛〉，頁 203），兩人實行新式自由戀愛。志賀與早苗代表文明開化的戀愛至上主義〔註 27〕，和指腹爲婚的落後封建行爲成對比。台灣處處充滿著「機械文明入侵下時代所殘留的敗者姿態」（〈永遠的愛〉，頁 204），大稻埕的本島人在汙濁惡臭中過著「極端低下的生活」：「是無知沒神經、是達觀、還是在鞭子下畏縮了呢？看看那些只會偶爾閃過貪婪目光、許多空虛的瞳孔吧。彷彿就像在灼熱太陽的鞭打下，拉著重重的牛車默默行走的牛一般」（〈永遠的愛〉，頁 207）〔註 28〕。早苗亟欲擺脫這落後的氛圍，立誓反抗封建婚姻的舊慣。然而，志賀母親爲維持家族血統純正，不肯接受有台灣血統的早苗，早苗「不由得暗暗詛咒著自己胸內鼓動

〔註26〕原文如下：「裁断、旋板、リベッティングの轟音——飛散する火花——熔鑛鑪の匂い——。／釜の中に頭を突っ込で、滅茶苦茶ニ外からひっぱたかれるやうな音響に、頭の隅までジーンとなって思わずくらくらとなるであった。」

〔註27〕廚川白村，《近代の恋愛観》，收於《廚川白村全集第五卷：戀愛觀及雜纂》（東京：改造社，1929）。

〔註28〕原文如下：「無智無神経なのか、達観しているのか、鞭のしたに萎縮しきったのか、時折貪婪な光をよぎらすだけの数多くの空虚な瞳をみるであらう。それは灼熱の太陽の下を鞭打たれながら、重い牛車を索いて黙々と行く牛の歩むに似ている。」

的血液」（〈永遠的愛〉，頁 206）〔註29〕。她追求文明化的信念，卻無法克服自己血緣中的落後標籤，呈現出混血兒的矛盾主體姿態。

志賀在階級競爭中敗給吳成家後返日工作，轉向愛慕他已久的吳成家之妹麗華。麗華一度向志賀告白卻被拒，此時趁著志賀消沉之時主動投懷送抱，兩人一起在東京的夜生活裡遊樂。她嘲笑志賀對戀愛的信念，表示早苗選擇嫁入豪門，是因女人深知結婚不過是物品交換。但當志賀伸出狼爪，打算在性別的權力位階上扳回一程，於麗華的身體一逞獸慾以示對吳成家的報復之時，麗華卻嚴詞拒絕，並留信表示自己要脫離夜生活成為更好的女孩。麗華做為台灣摩登女郎以及墮落女學生的形象，最後回歸賢妻良母主義的性規範當中，再次服膺《臺灣婦人界》女性典範化的模式。

志賀在多重挫敗之下，患了一場大病回台休養，在航船上竟巧遇早苗，原來早苗已與吳成家離婚，多次到內地尋志賀不得。兩人回台後，正逢吳成家的鄉土訪問飛行蔚為一時話題。志賀夢見自己偷偷潛入機庫，以工業藥品破壞吳的愛機，以致吳成家墜機。夢醒後的志賀不禁冷汗直流，而吳成家竟如志賀的夢境中一般，風光起飛後墜機慘死〔註30〕。在吳成家最終的飛行裡，他的視野橫越整個北臺灣的山稜起伏，最後感受到「全部血液要從全身被奪去般的恐怖──旋轉的大地、天空、光、早苗、志賀、東京──」（〈永遠的愛〉，頁 216）〔註31〕。他想著東京，在台灣的土地上慘死，暗示他流淌著台灣血液的身體最終仍必須被這片土地奪回，再也無法翱翔於東京的天空。而在他喪禮一旁的敲鑼打鼓的民俗祭典隊伍，則暗示他最終和七爺八爺一同回歸前現代的台灣，將其現代社會的勝者形象取消。

志賀與早苗在吳的葬禮相遇，兩人並肩離開無法言語，看見一旁經過的祭典隊伍，范將軍與謝將軍滑稽地闊步走著，早苗終於對志賀露出微笑。早苗透過「內台共婚」所追求的同化，是立誓擺脫台灣舊社會的一切，以破除舊慣的啟蒙論述包裝，要將流淌在自身血管的文化根抵消除，讓自己矛盾的主體位置得以統一。結尾中早苗和志賀目送七爺八爺搖搖晃晃逐漸走遠，除

---

〔註29〕 原文如下：「我が胸のしたに脈打つこの血を、呪はずにはいられなかった。」
〔註30〕 作者藉另一位台灣出身飛官楊清溪鄉土訪問飛行的墜機事故，塑造吳成家最終敗亡的結局。〈□□の鳥人嗚呼！楊飛行士慘死三日體育デー奉祝飛行中五十米の低空から墜落〉，《臺灣日日新報》，1934 年 11 月 4 日，第 1 版。
〔註31〕 原文如下：「全身からすべての血を奪い去られたやうな恐怖──旋轉する大地、空、光、早苗、志賀、東京──」

了象徵吳成家的威脅性已被打落前現代的陰曹地府，也暗示早苗終於擺脫了
她血液中所代表的台灣後進性。對照吳成家和早苗兩位具台灣血統人物的遭
遇，可以發現殖民論述的自相矛盾。殖民同化計畫以文明使命之名、訴諸單
一日本文化來統合異族的基本宗旨，其前提是異族可經由後天教育被整編進
入主流，所以混血兒的台灣女性早苗能以堅貞的愛情超越血液的障壁。然而
當被殖民者真能在體制內往上爬升，殖民者又會千方百計強調差異以確保優
勢。因此對吳成家這位在現代化進程中領先，且具有民族意識的本島男性，
作者是除之而後快，將他賜死回歸那落後的台灣血液。殖民者宣稱要同化殖
民者，但又須強調被殖民者的差異來支撐自己的優越地位，這造成了此文對
異族接納的性別差異。志賀的父權邏輯必須訴諸近代優生學論述中的日本純
血論，做為失敗者的他才能以精神勝利法贏得女性身體。他所期許「強大的
力量」，以及他和早苗跨越種族那「永遠的愛」，其實是以大和民族血液的優
位性，來治癒他在資本主義經濟崩盤下成為社會邊緣人的挫折感，超克在現
代化前進論述中敗北的恐懼。

## 第四節　混血的身體：別所夏子〈葦分舟〉

　　別所夏子應是輾轉在台日間移居的日本知識階級女性，以筆名在《臺灣
婦人界》發表作品。她 1935 年發表短篇小說〈航路〉，述說一位日本藝旦婚
姻失敗欲在內台航船尋短的坎坷故事。1939 年的〈葦分舟〉則以台灣為主題，
透過一混血女性的多重矛盾主體，繪製出島嶼位於東洋權力板塊夾縫間的圖
景。小說最初的場景位於《婦女報》（婦人新聞）的編輯室，身為記者的日本
女性吉川菊枝收到一封「人生諮詢欄」的投書。來信者陳愛玲為在台灣長大
的台英混血兒，也是大稻埕某茶行的千金。她的英國人父親長年在香港經商，
欲把她嫁給一位中國富豪以爭取商業投資。她的台灣人母親身為小妾，擔憂
女兒不像兒子能繼承父親的事業，也十分積極於這門親事。愛玲表示她堅決
相信自己是日本人，不願嫁給中國人，因而來信尋求諮詢。〔註32〕

　　《婦女報》的編輯室揭示了一個殖民現代性所塑造之新女性主體彼此結
盟的場合。《婦女報》之刊名、女性記者的角色象徵新女性在公領域的成就。

---

〔註32〕別所夏子，〈葦分舟〉（第一回），《臺灣婦人界》6 卷 1 號（1939 年 1 月），頁
　　　119。

負責解答「人生諮詢欄」投書的江馬千代與菊枝一同討論該如何回答愛玲的來信，形塑出以女性典範為中心的想像共同體。菊枝認出愛玲是她同班四年的女學校同窗，彼此同為受現代教育的女性，並且又表現出強烈的日本國族認同，一種「自己人」的共感油然而生。雖然畢業後不曾來往，菊枝讀了信卻「突然感到懷念和對她身世的同情」（〈葦分舟〉一，頁119～120），立即決定動身與愛玲晤談。愛玲得知菊枝進入《婦女報》工作，很羨慕菊枝能夠自立謀生，表示自己也能獨立該多好。兩位女性彼此的認同與結盟，是奠基在日本現代新女性掙脫父權封建婚姻，追求社會自立的同仇敵愾之上。

然而，菊枝拜訪愛玲並非只出自於單純的姊妹情誼，國族的差異無法被抹煞。愛玲出身大稻埕又是台英混血兒，滿足了日本女性菊枝對異國文化的好奇眼光。如本書第二章所提及，《臺灣婦人界》以及《臺灣日日新報》等報刊皆曾以聳動的口吻報導大稻埕龍蛇雜處的生態，大稻埕也是日本男性作家西川滿捕捉台灣民俗的獵奇場所。〈葦分舟〉中菊枝以新女性「男孩子般邁步」的姿態來到大稻埕（〈葦分舟〉一，頁120），一方面帶著進步女性的姿態前來啓蒙落後的封建文化，一方面也為一睹大稻埕這個異國文化的大觀園。

菊枝來到二層紅磚樓房前，製茶用的秀英花香撲鼻而來。前來迎接的愛玲身著藍色長衫，有著「外國人味道的臉龐」、「洋人氣息的長睫毛、黑而圓的眼睛」（〈葦分舟〉一，頁119、121）。她的哥哥奧文如白種人高而白皙，「髮色是漆黑的，骨骼卻像父親，高挺的鼻樑、深深的眼窩，東洋人的影子很淡薄」（〈葦分舟〉一，頁124～125）〔註33〕。愛玲一家所居住的茶行兼邸位於淡水河邊，有著中國情調的露臺、亞字欄與園林。從露臺上望去，冬陽下銀綠的河水如同西洋風景畫。愛玲的堂姊曾於東京學習鋼琴，屋內的留聲機飄盪著管絃樂。愛玲與菊枝談話使用日語，與家人談話時使用台灣閩南語，連愛玲的英國人父親也說著一口流利的閩南語，甚至還會划酒拳。對愛玲及其家族的描繪中，別所夏子交代了台灣從十七世紀以來英國貿易船來訪、中國移民遷入、又在日本統治下接受西洋文化的多重殖民與移民歷史。集西洋、台灣、中國等多元異質性的女性形象，以及大稻埕這個因長久貿易歷史而具有多元文化痕跡的異質空間，是台灣文化混雜性的縮影。

---

〔註33〕原文如下：「髪の色こそ漆黒だったけれど、骨格は父親に似ているらしく、つんと高い鼻や、めのくぼんでいるところなど、東洋人とはかなり緣が遠い。」

　　菊枝和愛玲談話的焦點集中於國族身分。面對愛玲對中國人的排斥，菊枝勸解道「不管和誰結婚，日本人就是日本人」。愛玲卻無奈地說「只要我擺出日本人的表情，我父親就覺得厭煩。」說到這裡菊枝沉默了，開始思考：

> 這不僅是結婚問題，混血兒的愛玲有著另外的煩惱。對她而言，要選擇母親或是父親呢？要做為哪個國家的孩子生存下去？菊枝再一次回想方才讀過的信件內容，但是關於這個問題突然間也想不出明確的解答。……她有些後悔如此輕易就飛奔而來承擔此事，說道：

> 「不過，愛玲，雖然您是您父親的孩子沒錯，但身為日本人也是事實。只要你有這樣確切的覺悟就行了。」（〈葦分舟〉一，頁122～123）

〔註34〕

這段描述清楚地揭露，面對混血兒、貿易港口、殖民地等如羊皮紙般負載多重歷史文化刻痕的邊境地帶與混雜性主體，欲以單一身份來操控認同政治是多麼的無效。這篇小說裡性別化國族寓言的邏輯，是以嫁娶為表象，隱喻台灣在英國、中國各方勢力下對日本的歸依。菊枝後悔自己輕率地前來承擔愛玲的婚姻問題，顯示她自恃啟蒙者且對台灣文化獵奇的心態，低估了愛玲身世所牽涉的歷史縱深。那被多方霸權文化拉鋸的無所適從，也讓菊枝一再語塞。即使她不斷重申「日本人就是日本人」、「不要忘記妳是日本人」，她的話語卻無法彰顯說服力。菊枝的徒勞讓筆者看到，台灣作為貿易據點與移民社會的重層文化交織，那深層的混血特質，並非強加上宣稱啟蒙的日本國族主義文化敘事就能抹除。

　　上述部分以菊枝的視點展開，小說下半部則從愛玲的角度鋪陳出通婚所牽涉的橫向地緣關係。菊枝離去後，愛玲與哥哥一同到基隆港迎接八年未見的父親。父親在南洋從事茶與香料的貿易，儘管在香港有相當程度的資產，也不曾為愛玲付出一毛學費，更不顧愛玲在旁，就高聲談論婚事帶來的商業

---

〔註34〕原文如下：「結婚問題だけでなく、混血兒の愛玲には母か父か、どちらの国の子になって生きて行くか、と云った別の悩があったのだわ──と菊枝は、先刻読んだ手紙の内容をもう一度思い出していた。けれど。その問題については、菊枝は咄嗟にはどっも、明確な解答をすることができなかった……簡単に引受けて飛び出し来たのを少し後悔しながら、/『だけど、ね、愛玲さん、あなたはお父さんの子には違ひないけれど、日本人であることも事実でしょう。それさへしっかりおぼえていらしたらいいのよ。』」

利益。愛玲的結婚對象是中國出身、在婆羅洲發大財的木材商，於香港市中心皇后大道擁有店面，養了五、六個小妾。父親喜不自勝地說，只要把愛玲擺平，即能獲得二十萬美元的投資。愛玲向母親抗議，母親卻說自己變賣嫁妝供給愛玲上女學校，就是爲了讓愛玲嫁入富有人家。愛玲看著被父親拋棄多年的母親，認爲如果自己生於內地人家庭就不會走上這樣的命運，憤而痛罵爲了金錢賣女兒的本島人社會〔註35〕。

　　愛玲婚事的交易性質，令人想到蓋爾・盧賓（Gayle Rubin）從李維史陀關於親屬制度的解析中所提出的交易女人（traffic in women）理論。李維史陀認爲親屬制度的核心是男人之間交易女人，以拓展社會關係。盧賓即據此指出，女性被壓迫的來源並不是生理上的劣勢或特殊，而是這套把女性自身權力給架空的社會制度。女人必須一再依附於父親、丈夫與兒子才能分享權力，但也隨時可能在父系權力的擴張與碰撞下被贈送、交易與擄掠。「這不只侷限在『原始』世界，在越『文明』的社會裡似乎是更加發展、更商業化」〔註36〕。那身爲小妾、一味服從的台灣人母親，以及妻妾成群還想再迎娶愛玲的中國老富商，皆代表了古老的交易女人封建傳統。愛玲的英國人父親以及他藉聯姻所攏絡的資源，象徵了歐美現代資本主義對女性身體的剝削與掠奪。即使愛玲受過現代教育，仍被封建傳統給制約；出身資產階級，卻必須讓自己成爲交易品才能享有資源。最後愛玲表示沒有謀生能力的她除了出嫁別無他法，但這也是對「像個日本人的思想問題」（日本人らしい思想的な問題）的考驗，她向菊枝保證無論和誰結婚她都不會忘記自己是日本人。那與自身血液毫無牽連、而是意識形態灌輸的日本國族身分認同，竟成了愛玲唯一卻也虛幻的救贖。

　　小說的標題「葦分舟」意指分開茂密的蘆葦向前滑行的小舟，象徵纏絆的重重阻礙〔註37〕。她要往何處去呢？此文的篇幅並不長，卻可看出作者宏大的企圖心。透過愛玲母親的形象，別所夏子點出女性接受現代教育卻只徒增作爲交易品的價值，對島嶼之內女性處於父權封建社會的困局不無同情。

---

〔註35〕別所夏子，〈葦分舟〉（第二回），《臺灣婦人界》6 卷 2 號（1939 年 2 月），頁 110。
〔註36〕Gayle Rubin, "The Traffic in Women: Notes on the Political Economy of Sex," In Rayna R. Reiter Ed., *Toward an Anthropology of Women*（New York: Monthly Review Press, 1975）,p. 175.
〔註37〕《日本國語大辭典》詞條：【葦分舟】。http://japanknowledge.com/library/，2014 年 5 月 30 日查閱。

透過愛玲的父親形象，她關照島嶼之外列強環伺，挾帝國資本虎視眈眈的國際處境。而愛玲這被多重壓迫的主體形象，則從傳統現代文明夾縫間的女性身體，延伸至東亞權力板塊夾縫間島嶼命運的縮影。別所夏子從女性、邊緣出發的視點可說是相當全面，但她試圖指明的救贖之道，卻是「成為日本人」的唯一航道。從愛玲無所適從、妥協又感矛盾的過程，可以發現作者對台灣文化混雜性的描述已轉變為日本國族主義話語對他國文化的角力。作者將台灣因地理位置在歷史記憶中反覆銘刻的異質文化軌跡，化約為前現代的封建遺緒與現代帝國資本的掠奪。愛玲的身體、和她的整個生命史，在別所夏子筆下是如此地「不純粹」、「不完全」，充滿了異質。然而正是這種混雜性使得文中反覆灌輸的日本認同徒勞無功。霍米巴巴曾形容殖民同化計畫企圖駕馭被殖民者時，如同以破裂的鏡子去映照他者，永遠無法掌控那不斷增生的差異，被殖民者的混雜性因而成為瓦解殖民論述的武器〔註 38〕。對別所夏子而言，台灣的混雜性就如同蔓生的蘆葦，意味著主體認同看不到出路的苦境。她試圖以愛玲這被撕裂的女性身體來象徵台灣的命運。誠然，作為亞細亞的孤兒，這座島嶼如同愛玲的身體一般被凝視、交易、侵占、掠奪。但是面對這被多重殖民、身處政治與文化版塊邊緣地帶的多重壓迫、矛盾、混雜主體，小說中空降般的日本國族主義意識形態卻顯得如此勉強而薄弱無力。究竟愛玲，或者台灣，能不能透過日本國族主義的指導來掙脫這種種地緣與歷史的纏絆呢？這篇小說揭示了也解答了問題。那強加於異質土地上的單一國族認同，就如同天空垂降而下危顫顫的細繩般，是如此的脆弱欲斷。

# 小　結

　　日治時期的通婚與混血議題，與同化政策包納與排除的兩面性息息相關。從新渡戶稻造以降的同化政策大方向，乃是以同一來統御差異，揭櫫了以日本文明統合外族的基本宗旨。然而，同化政策雖視所有人為天皇子民，卻往往在同一中強調差異，透過制度或血緣來劃定內外優劣序位。榎本眞砂夫〈流轉——描摹殖民地某位女性的人生——〉、橋本尚夫〈永遠的愛〉、別所夏子〈葦分舟〉皆採國族寓言的形式，以女性力爭上游的典範化過程來宣

---

〔註 38〕Homi Bhabha, *The location of culture*, pp.85～92, 112～116.

揚日本殖民政策的文明改造計劃，卻也透露殖民改造計畫的內部破綻。

〈流轉〉中，日本女性清子因內台婚姻破裂而流落到體制外從娼，最後憑藉著母性與打字技術重回女性典範的行列。她的女兒映子被本島家庭買去，雖然藉由警察的力量尋回，女兒卻已認不得母親的臉孔及語言，嘴裡說著台語、緊靠在台灣人養父吳德來身旁。這個相認的場景如同霍米巴巴所論被殖民者與殖民者視線交換的過程，受到警察壓制、身處體制弱勢的吳德來，以一抹冷冷嘲笑扭轉了殖民者與被殖民者的權力位階。清子藉警察的體制優勢奪回映子，嘗試重新以文明重新教化這個不認得日語的粗野孩子。映子苦苦地適應後染病死去，成為國族文化角力下的犧牲品，也暗示清子同化計畫的粉碎。

〈永遠的愛〉中，本島人男性飛行員吳成家做為現代社會勝利者，在台灣的土地上墜機流血而死，象徵其無法超脫流淌在血液中的落後性。混血兒女性早苗卻以堅貞的愛情超越血液的隔閡，掙脫台灣的落後性與內地男性志賀結合。志賀在經濟恐慌下工人階級的敗者位置，則透過血液優越論得到翻轉。小說強調文明戀愛可以超越血緣的同化信念，以混血兒女性的身體歸順來成就殖民者的父系權威。但對挑戰此一父系權威、有「適者生存」之能的本島人男性，則以血液的差異性將之排除，透露殖民論述的自相矛盾（ambivalence）。

〈葦分舟〉透過一混血女性身體彰顯出多重矛盾主體的困境，其視點兼顧了島嶼的內外。作者描寫台英混血兒愛玲在媒妁之言與商業策略下被迫出嫁，批判了島內封建與資本主義制度下的交易女人婚姻。其身世牽涉日、中、英多重角力，則隱喻了島外列強環伺介於權力夾縫的處境。愛玲的女性身體做為島嶼之隱喻，強調自己有身為日本人的強烈信念，卻改變不了出嫁的命運。這樣的結局暗示強加在島嶼混雜性（hybridity）之上的單一日本國族主義意識形態，實是虛幻且無效。

# 第六章 結 論

　　《臺灣婦人界》自 1934 年 5 月發行至 1939 年 6 月，爲日治時期最具規模的女性雜誌。這份以女性讀者爲對象的雜誌，同時關注 1930 年代女性在公私領域的變遷，提供了台灣女性生活史與文化史研究的重要材料。此外，《臺灣婦人界》基於商業雜誌與家庭讀物的通俗性質，廣納了不同階級、性別、國族與文化背景的職業及業餘作者，是 1930 年代刊載最大量通俗小說的雜誌，包括了殖民地其他雜誌所沒有的大量女性創作。本書以女性經驗中的殖民現代性爲主軸，分別以「世界」、「民俗」、「帝國」的設題探討《臺灣婦人界》小說創作的群像。筆者在第一章說明了本書的設題邏輯與研究路逕。世界，指殖民現代性打造出的文明女性想像，是一種女性走入公領域成爲現代社會一份子的普遍價值。民俗，是與殖民現代性的普遍準繩對照之下的差異性，台灣宗教民俗成爲奇觀的拼貼素材與被排除的迷信舊慣。帝國，指殖民同化計畫對差異性的整編與改造，以日本現代文明與大和民族的優越位階，對來自不同出身、族裔與經歷的差異主體實行精神統馭。本書從女性角度探討殖民現代性對異質文化的排除與整編，並進一步提出《臺灣婦人界》小說的後殖民閱讀，解析這些排除與整編的策略如何在文學作品中遭遇了重重危機。

　　第二章簡介了日治時期女性雜誌的發展，並以《臺灣婦人界》整體刊物內容來勾勒 1930 年代殖民現代性對女性經驗的影響痕跡。1908 年發行的《臺灣愛國婦人》與 1919 年發行的《婦人與家庭》爲《臺灣婦人界》的前身，三份雜誌對於女性家庭、社會角色現代化的強調與鼓吹可說是一脈相承。《臺灣愛國婦人》與《婦人與家庭》的作者群多爲內地或在台的日本人，另針對

台灣人發行漢文報與漢文欄。《臺灣婦人界》是全日文的刊物，但1930年代隨著殖民地女子教育體制的發展，從來稿者與讀者群中已可觀察到一定比例的台籍女性。《臺灣婦人界》發刊詞中揭示了「打破舊慣、內台融合、國語普及」的刊旨，內容不時就女學生、家庭主婦與職業婦女等各群體規劃專題。綜觀其內容可以看到一種新女性形象的文本效應，傳達出女性透過教養、知識的提升進入公領域的可能，以及不同族裔、背景的女性基於同一文明信念而結合的女性共同體想像。這種「典範化」的過程奠基於殖民現代性所帶來的教育機會與物質建設，一方面給予女性前所未有的自由和選擇，另一方面則為台灣女性設下一道文化同化的門檻。這種對於女性現代化、社會化的倡導與訓練，亦使她們更緊密的與殖民國策貼合，更易受到戰爭動員令的徵召。

　　《臺灣婦人界》小說透過女性形象塑造與女性生命史書寫傳達出兩個走向，一訴諸了普遍性的文明女性想像，表現在啟蒙、自由戀愛、女性自主意志等自由主義理想，以及在體制中力爭上游的渴望。二則訴諸了與差異性的遭逢，表現在女性於帝國經濟、文化階層的上下移動，以及文化差異如何被劃定優劣序位。第三章以「世界」為設題，探討現代化浪潮中，菁英女性對於父權體制下女性性別特質、性別分業上的再思考，以及底層女性在父權規範之外更受制於資本主義剝削的對照。在1919年發行的《婦人與家庭》中，已有女性作家北野里子描繪出在世界人自由心靈與賢妻良母女性身體之間齟齬的矛盾主體。1934年大野倭文子在《臺灣婦人界》連載的〈天空是朱色的〉，透過菁英摩登女郎與底層賢妻良母的兩方女性主體，以女性在家屋與世界間的衝突呈現出此類矛盾。同時，大野也試圖在差異主體之間協商，以女性經營托育制度協助女性社會自立，打造在父權體制外自給自足的女性烏托邦。與前述兩位作家的中產階級理想相對，《臺灣婦人界》另一批聚焦咖啡店女給與娼妓的書寫則對底層女性投射了「色情・荒誕・無意義」的獵奇目光。富士晴子〈深夜蠢動台北的側臉〉、若本鳥子〈我的告白〉、花房文子〈兩個女人〉與黃寶桃〈巷之女〉皆描寫性產業中的女性，但前三位以女性主體往底層的流動來展演獵奇素材，突顯賢妻良母規範對將底層女性視為性逸脫者的制裁。黃寶桃描繪出底層女性面臨經濟、法律、父權之下被多重壓迫的主體，批判獵奇目光對女性身體的剝削，解構《臺灣婦人界》女性典範化的自由主義理想。

　　第四章比較《臺灣婦人界》兩位台日男性作家西川滿與陳華培的一系列

民俗書寫，解析兩者如何透台灣漢人的宗教民俗題材，以殖民現代性視點對
他者與自我的文化表述。西川滿企圖挪用主體外部他者的「民俗」，藉此進
入日本中央文壇；陳華培則欲揚棄主體內部他者的「舊慣」，擬仿殖民政策
的論述。〈城隍爺祭〉與〈梨花夫人〉中外來知識份子、在地草莽男性爭奪
在地女性身體的三方主體衝突，可對應到殖民者書寫主體、本土父系權威對
台灣民俗詮釋權的衝突。小說中男性神祇、草莽英雄以及建構父系線性敘事
的籤詩，浮顯出陽剛他者的民俗。其代表的台灣既有漢文化秩序，威脅了西
川滿建立「外地文學」的權威。陳華培〈新娘風俗〉（花嫁風俗）、〈母親〉（女
親）與〈信女〉基於現代啓蒙與法律控管的觀點，以非理性的女性形象嘲諷
地將台灣民俗排斥爲破敗、落後的舊慣。但〈信女〉中被鬼附身歇斯底里的
女性，對鬼從排斥到與之合而爲一。由現代精神病學所建構的女性主體危機
卻透過傳統民俗信仰而治癒，意味著陰性自我的不可分割，也暗示主體與原
生文化之間難以被殖民現代性斬斷的連結。雙方的民俗書寫中，各自浮現出
殖民者無法掌控的陽剛他者與被殖民者無法割除的陰性自我。

　　第五章從通婚與混血的題材探討國族寓言中的文化角力，以及日本殖民
同化計劃的破綻。〈流轉〉中，日本女性與台灣丈夫婚姻破裂，女兒陰錯陽差
地成爲某個本島家庭的孩子，她依恃警察的體制優勢奪回女兒，但口說台語、
只認得養父的女兒已完全成了本島孩子。雙方對混血兒爭奪的過程中，弱勢
的台灣男性見孩子完全不肯與母親相認，露出冷冷的嘲弄，將殖民者與被殖
民者的權力位階瞬間翻轉。孩子被歸於母親一方，卻無法適應母親強烈灌輸
的日語與文明教養，揭示同化企圖的殘酷與無效。橋本尚夫〈永遠的愛〉描
繪本島人資產階級菁英男性、內地人工人階級男性爭奪內台混血兒女性的多
重主體交鋒。文明戀愛觀念可以超越種族隔閡的同化前提，使混血兒女性得
以超越台灣血液所銘刻的落後性。然而，身爲飛行員與現代社會佼佼者的本
島人男性菁英卻慘死於台灣土地，強化了台灣人無法躋身文明行列的血液障
壁，雙方的差距透露殖民論述的自相矛盾。而內地人男性贏得女性身體的勝
利，則訴諸父系權威與優生學論述下大和之血的優位性。別所夏子〈葦分舟〉
描述台英混血女性愛玲即將被迫嫁往中國的情節，以女性矛盾主體塑造出東
亞權力版塊下的國族寓言。從愛玲處於文化混雜性中無所歸依的困境，作者
批判島內封建社會的交易女人體制，也關照島外列強環伺介的時局。文中試
圖以日本國族主義來指引出路，卻未能改變愛玲出嫁的結局，反自我揭露單

一國族認同難以凌駕島嶼上地緣、歷史的異質文化軌跡，顯示殖民同化計畫無法掌控他者混雜性的困局。

　　透過對《臺灣婦人界》的討論，本書嘗試提出的研究成果與後續發展性有以下三方面。首先是《臺灣婦人界》之於日治時期女性史研究的價值。這份刊物從發刊刊旨、議題規劃、目標讀者、文學創作皆相當聚焦於殖民地台灣女性現代生活的建構，為 1930 年代各年齡、階層、行業的女性群體樣貌呈現出清楚的輪廓。本書突破以本質性國族身分為基礎的劃分，捨棄多重壓迫論以及本土抵抗精神對日治時期女性觀點的化約，指出殖民地台灣女性最初的現代經驗，是來自殖民現代性既透過啓蒙開化的信念打開自由窗口，卻訴諸文明優劣程度築起高低台階的雙面性。從《臺灣婦人界》可以觀察到首次轉型現代化的台灣社會，女性們對內如何面對階級、族裔與文化的差異，對外如何與日本、東亞乃至世界連動，這在女性史研究上是不可忽略的重要資產。

　　再者是《臺灣婦人界》之於日治時期文學研究的價值。雜誌刊載了現有研究幾乎未曾觸及的大量文學史料，以及不同性別、國籍的創作者。本書挖掘到的就包括台灣女性作家黃寶桃的兩首新詩及小説〈巷之女〉，還有台灣男性作家陳華培對民俗題材的一系列耕耘。在文學題材上，現有關於民俗、通婚與混血的討論主要聚焦於 1940 年代。筆者則注意到《臺灣婦人界》已發表了許多相關作品，並將這些題材的討論向前拓展到 1930 年代。《臺灣婦人界》的女性創作佔有相當高的比例，可為台灣女性文學史在日治時期領域補充許多早期的材料。《臺灣婦人界》與日治時期前兩部女性雜誌《臺灣愛國婦人》與《婦人與家庭》有一定的承接性。三部雜誌做為日本女性解放運動言論與日本女流作家於殖民地發表作品的媒介，在台灣傳播了許多早期自由主義以及社會主義女性主義的觀點，這些皆值得更多的梳理。

　　最後是《臺灣婦人界》之於日治時期後殖民研究的價值。在探討日治時期文學時幾乎必定得觸及後殖民的討論。現有研究的傾向中，不乏研究者站在後殖民立場，以文化的本質性或主體的穩固為尊，對作家與文本施行抵抗精神、本土認同以及人道主義的檢驗。在政治正確與否的評判標準下，殖民地台灣多層次的創作群象往往被篩選地所剩無幾，研究殖民者的作品還須背負研究價值何在的質疑。然而，筆者閱讀《臺灣婦人界》的過程中體認到另一種視野。殖民現代性對日治時期女性而言既是資源也是掠奪、既是解放又

是壓迫的矛盾性，使《臺灣婦人界》文本與主流文學史的民族政治命題無法
相容。但《臺灣婦人界》上多元的創作群體，以及聚焦女性因婚戀嫁娶而在
不同地域與文化間遷移的主題，特別突顯出台日雙方殖民位階與文化差異性
的交鋒。這些不同主體的相遇中，浮現出重層認同的反覆銘寫與文化混雜性
的辯證軌跡，讓筆者捨棄了訴諸本質性的立場劃分，轉而著重異質性的對照、
碰撞與協商。後殖民閱讀的途徑，一方面可以從認同政治與抵抗精神彰顯強
而有力的政治控訴，另一方面也可以從認同危機與擬仿精神對殖民權威提出
質疑。本書透過《臺灣婦人界》闡明的後殖民視野，便從許多擬仿、瘋狂、
冷嘲、無所適從的人物中指出殖民現代性的普遍準則並非必然真理，帝國主
義的統馭計畫也絕非天衣無縫。《臺灣婦人界》小說中展示出從相遇到同理、
從對話到激辯、從動搖到解構的多音交響，卻從未進入文學史的視野當中。
筆者透過本書的初步爬梳，期能讓躺在圖書館與資料庫中的《臺灣婦人界》
史料有發揮其價值的可能。

# 參考文獻

## 一、中日文文獻

### （一）文　本

1. わかもと・とり子,〈あたしの告白記（その一）〉,《臺灣婦人界》4 卷 8 號（1937 年 8 月）,頁 56～63。

2. わかもと・とり子,〈あたしの告白記（その二）〉,《臺灣婦人界》4 卷 9 號（1937 年 9 月）,頁 66～75。

3. わかもと・とり子,〈あたしの告白記（その三）〉,《臺灣婦人界》4 卷 10 月號（1937 年 10 月）,頁 35～39。

4. 大野倭文子,〈空は紅い〉,收於中島利郎,《台湾通俗文学集一》（東京：綠蔭書房,2002）,頁 43～122。

5. 小川清,〈蝕ばまれた家庭〉,《臺灣婦人界》2 卷 2 號（1935 年 1 月）,頁 159～167。

6. 小島泰介,〈屍婚〉,收於中島利郎編,《台湾通俗文学集一》（東京：綠蔭書房,2002）,頁 29～42。

7. 北野里子,〈心の底の叫びを〉,《婦人と家庭》2 卷 2 號（1920 年 2 月）,頁 42。

8. 北野里子,〈私も女だろうか〉,《婦人と家庭》1 卷 12 號（1920 年 2 月）,頁 60～63。

9. 有津閑子,〈受取人不在の手紙〉,《臺灣婦人界》5 卷 5 號（1938 年 5 月）,頁 124～127。

10. 西川滿,〈城隍爺祭〉,《臺灣婦人界》1 卷 6 月號（1934 年 6 月）,頁 123～124。

11. 西川滿，〈梨花夫人〉，《臺灣婦人界》4 卷 10 號（1937 年 10 月），頁 60 ～66。

12. 西川滿，〈蘭人の頌〉，《臺灣婦人界》4 卷 12 號（1937 年 12 月），頁 35 ～37。

13. 西川滿，〈轟々と流るるもの〉，《臺灣婦人界》3 卷 3 號（1936 年 3 月），頁 27～38；3 卷 4 號（1936 年 4 月），頁 18～33；3 卷 5 號（天長節號）（1936 年 5 月），頁 115～127；3 卷 6 號（始政紀念號）（1936 年 6 月），頁 156～167；3 卷 7 號（1936 年 7 月），頁 54～164；3 卷 8、9 號（1936 年 8 月），頁 168～179；3 卷 10 號（1936 年 10 月），頁 130～141；3 卷 11 號（1936 年 10 月），頁 162～169；3 卷 12 號（1936 年 12 月），頁 90 ～100；4 卷 1 號（1937 年 1 月），頁 120～133；4 卷 2 號（1937 年 2 月），頁 111～122；4 卷 3 號（1937 年 3 月），頁 128～138；4 卷 4 號（1937 年 4 月），頁 14～24；4 卷 5 號（1937 年 5 月），頁 102～109。

14. 別所夏子，〈航路〉，《臺灣婦人界》2 卷 11 號（1935 年 10 月），頁 50～55。

15. 別所夏子，〈葦分舟〉（第一回），《臺灣婦人界》6 卷 1 號（1939 年 1 月），頁 118～126。

16. 別所夏子，〈葦分舟〉（第二回），《臺灣婦人界》6 卷 2 號（1939 年 2 月），頁 103～111。

17. 岡田三郎，〈明暗婦人戰線——女給の卷——〉，收於中島利郎編，《台湾通俗文学集一》（東京：綠蔭書房，2002），頁 123～144；陳華培，〈男の氣持〉，收於中島利郎編，《台湾通俗文学集二》（東京：綠蔭書房，2002），頁 97～166。

18. 花房文子，〈女二人〉，收於中島利郎，《台湾通俗文学集一》（東京：綠蔭書房，2002），頁 155～160。

19. 茅野研一，〈蒼白い夢〉，收於中島利郎編，《台湾通俗文学集二》（東京：綠蔭書房，2002），頁 271～279。

20. 柴田杜夜子，〈泥靴〉，收於中島利郎編，《台湾通俗文学集二》（東京：綠蔭書房，2002 年），頁 6～96。

21. 柴田杜夜子，〈濁水の魚〉，收於中島利郎編，《台湾通俗文学集一》（東京：綠蔭書房，2002 年），頁 265～275。

22. 清香その子，〈燈臺下暗し〉，收於中島利郎編，《台湾通俗文学集一》（東京：綠蔭書房，2002 年），頁 322～336。

23. 陳華培，〈十姉妹（その一）〉，《臺灣婦人界》6 卷 3 號（1939 年 3 月），頁 102～109；〈十姉妹（その二）〉，《臺灣婦人界》6 卷 5 月號（1939 年 5 月），頁 103～111。

24. 陳華培,〈女親〉,《台湾通俗文学集一》（東京：綠陰書房,2002）,頁284～293

25. 陳華培,〈男の氣持〉,收於中島利郎編,《台湾通俗文学集二》（東京：綠陰書房,2002）,頁6～96。

26. 陳華培,〈花嫁風俗〉,《台湾通俗文学集一》（東京：綠陰書房,2002）,頁310～321。

27. 陳華培,〈信女〉,《台湾通俗文学集二》（東京：綠陰書房,2002）,頁217～239。

28. 鳥居榕子,〈仏桑華〉,收於中島利郎編,《台湾通俗文学集二》（東京：綠陰書房,2002年）,頁240～270。

29. 富士晴子,〈深夜に蠢く臺北の横顔〉,《臺灣婦人界》2卷10號（1935年1月）,頁55～62。

30. 黃氏鳳姿,《七爺八爺》（台北：東都書籍株式會社臺北支,1940）,頁54～59。

31. 黃氏寶桃,〈人生〉,《臺灣新文學》1卷1號（1935年12月）,頁20～22。

32. 黃氏寶桃,〈巷の女〉,《臺灣婦人界》1卷10月號（1934年9月）,頁117～118。

33. 黃氏寶桃,〈秋の女の声〉,《臺灣婦人界》1卷10月號（1934年9月）,頁165。

34. 黃氏寶桃,〈霧雨〉《臺灣婦人界》1卷7號（12月號）（1934年9月）,頁176。

35. 夢羅多,（赤い太陽）,收於中島利郎編,《台湾通俗文学集二》（東京：綠陰書房,2002年）,頁277～283。

36. 榛多忠喜知,〈隱れたる生涯〉,《臺灣婦人界》3卷5號（1936年5月）,頁90～94。

37. 榎本眞砂夫,〈流轉――殖民地に描かれた或る女の人生――〉,收於中島利郎編,《台湾通俗文学集一》（東京：綠陰書房,2002年）,頁242～254。

38. 橋本尚夫,〈愛よとわに〉,收於中島利郎編,《台湾通俗文学集一》（東京：綠陰書房,2002）,頁201～216。

## （二）史 料

1. 《臺灣日日新報》（台北：臺灣日日新報社,1896～1944）。

2. 《臺灣愛國婦人》（台北：愛國婦人會台灣支部,1908～1916）。

3. 《婦人と家庭》（台北：臺灣子供世界社,1919～1920）。

4. 《臺灣婦人界》（台北：臺灣婦人社，1934～1939）。

5. 〈我が熱血兒謝文達君〉，《臺灣》4 卷 6 期（1923 年 6 月），頁 90。

6. 〈專賣局養氣俱樂部改築成る〉，《專賣通信》新年特輯號（1932 年 11 月），頁 113。

7. 大竹文輔，《臺灣航空發達史》，（台北：臺灣國防義會航空，1939）。

8. 大野倭文子，〈知識階級の婦人へ〉，收於明治大正昭和新聞研究会編，《新聞集成昭和編年史》（東京：新聞資料出版，1989），頁 304。

9. 大野倭文子，〈街の湯賣り〉，《糧友》6 卷 9 號（1931 年 9 月），頁 104～114。

10. 大野倭文子，〈謎の麗人──黒い瞳に祕められた清麗な憧れの偶像とは？〉，《冨士》2 卷 11 號（1929 年 11 月），頁 70～91。

11. 王敏川，〈對於廢娼問題的管見〉，《臺灣民報》，1925 年 1 月 21 日，第 4 版。

12. 西川滿，〈臺灣宗教辭彙解説〉，《媽祖》2 卷 6 號（1937 年 1 月），頁 33。

13. 西川滿，〈歷史のある台湾〉，收於中島利郎編，《日本統治期台湾文学：日本人作家作品集一》（東京：綠陰書房，2008），頁 449～452。

14. 西岡英夫，〈老鰻に關する考察（續）──臺灣の無賴漢に就いて〉，《臺灣警察時報》第 204 號（1932 年 11 月），頁 20～23。

15. 西岡英夫，〈老鰻に關する考察──臺灣の無賴漢に就いて〉，《臺灣警察時報》第 203 號（1932 年 10 月），頁 23～28。

16. 尾辻國吉，〈銅像物語り〉，《臺灣建築會誌》9 輯 1 號（1937），頁 2～16。

17. 梅陰子，〈城隍神〉，《臺灣慣習記事》2 卷 2 號（出版地不詳：臺灣慣習研究會，1902），頁 62～63。

18. 陳望，〈淫賣、藝妓、女給（二）〉，《臺灣警察時報》第 255 號（1937 年 2 月），頁 45～50。

## （三）專 書

1. 朱惠足，《「現代」的移植與翻譯：日治時期台灣小說的後殖民思考》（台北：麥田，2009）。

2. 呂明純，《徘徊於私語與秩序之間：日據時期台灣新文學女性創作研究》（台北：學生書局，2007）。

3. 呂紹理，《水螺響起：日治時期臺灣社會的生活作息》（台北：遠流，1998）。

4. 呂紹理，《展示臺灣：權力.空間與殖民統治的形象表述》（台北：麥田，2011）。

5. 阮斐娜，吳佩珍譯，《帝國的太陽下：日本的台灣及南方殖民地文》（台

北：麥田，2010）。

6. 周蕾，《婦女與中國現代性：東西方之間閱讀記》（台北：麥田，1995）。

7. 崔末順，《海島與半島：日據臺韓文學比較》（台北：聯經，2013）。

8. 崔末順，《海島與半島：日據臺韓文學比較》（台北：聯經，2013）。

9. 張小虹，《性帝國主義》（台北：聯合文學，1998）。

10. 陳芳明，《台灣新文學史》（台北：聯經，2011）。

11. 陳芳明，《殖民地摩登：現代性與台灣史觀》（台北：麥田，2011）。

12. 陳建忠，《日據時期臺灣作家論：現代性・本土性・殖民性（台北：五南，2004）。

13. 游勝冠，《殖民主義與文化抗爭：日據時期臺灣解殖文學》（台北：群學，2012）。

14. 黃心村，《亂世書寫：張愛玲與淪陷時期上海文學及通俗文化》（北京：三聯書店，2010）。

15. 黃美娥，《重層現代性鏡像：日治時代臺灣傳統文人的文化視域與文學想像》（台北：麥田，2004）。

16. 楊翠，《日據時期台灣婦女解放運動：以《台灣民報》為分析場域（1920～1932）》（台北：時報，1993）。

17. 葉振輝，《清季台灣開埠之研究》（台北：標準書局，1985）。

18. Edward Said，蔡源林譯，《文化與帝國主義》（台北縣新店市：立緒文化，2001）。

19. Edward Said，蔡源林譯，《東方主義》（台北縣新店市：立緒文化，1999）。

20. Frantz Fanon，陳瑞樺譯，《黑皮膚，白面具》（台北：心靈工坊，2005）。

21. GayatriChakravortySpivak，張君玫譯，《後殖民理性批判：邁向消逝當下的歷史》（台北：群學，2005）。

22. James Clifford，高炳中譯，《寫文化：民族誌的詩學與政治學》（北京：商務印書館，2006）。

23. Julia Kristeva，彭仁郁譯，《恐怖的力量》（臺北縣新店市：桂冠，2003）。

24. 大谷渡，《北村兼子──炎のジャーナリスト》（大阪：東方出版，1999）。

25. 山下悦子，《日本女性解放思想の起源──ポスト・フェミニズム試論》（東京：海鳴社，1988）。

26. 川村邦光，《幻視する近代空間：迷信・病気・座敷牢、あるいは歴史の記憶》（東京：青弓社，2006）。

27. 北原惠編，《アジアの女性身体はいかに描かれたか：視覚表象と戦争の記憶》（東京：青弓社，2013）。

28. 市古夏生、菅聡子編《日本女性文學大事典》（東京：日本図書センター，2006 年）。

29. 平石典子，《煩悶青年と女学生の文学誌》（東京：新曜社，2012）。

30. 伊藤るり、坂元ひろ子、タニ・E・バーロウ編，《モダンガールと植民地的近代：東アジアにおける帝国・資本・ジェンダー》（東京：岩波書店，2010）。

31. 和泉司，《日本統治期台湾と帝国の「文壇」──「文学懸賞」がつくる「日本語文学」》（東京：ひつじ書房，2012），

32. 金子幸子，《近代日本女性論の系譜》（東京：不二出版，1999）。

33. 洪郁如，《近代台湾女性史》（東京：勁草書房，2001）。

34. 新渡戸稲造，《新渡戸稲造全集》第 4 卷（東京：教文館，1969）

35. 廚川白村，《近代の恋愛観》，收於《廚川白村全集第五卷：戀愛觀及雜纂》（東京：改造社，1929）。

36. 斎藤美奈子，《モダンガール論》（東京：文藝春秋，2003）。

## （四）論　文

### （1）專書論文

1. 張隆志，〈殖民現代性分析與臺灣近代史研究：本土史學史與方法論芻議〉，收於若林正丈、吳密察編，《跨界的台灣史研究──與東亞史的交錯》（台北：播種者，2004），頁 152～153。

2. 大谷渡，林雪星譯，〈北村兼子與台灣〉，收於吳佩珍編，《中心到邊陲的重軌與分軌：日本帝國與臺灣文學・文化研究》（台北：國立臺灣大學出版中心，2012），頁 63～102。

3. 大谷渡，葉雯琪譯，〈北村兼子與林獻堂〉，收於吳佩珍編《中心到邊陲的重軌與分軌：日本帝國與臺灣文學・文化研究》（台北：國立臺灣大學出版中心，2012），頁 103～137。

4. 中島利郎，〈日本統治期台湾の「大衆文学」〉，《台湾通俗文学集一》（東京：綠蔭書房，2002），頁 349～372。

5. 朱惠足，〈「小説化」在地的悲傷──皇民化時期台灣喪葬習俗的文學再現〉，《「現代」的移植與翻譯：日治時期台灣小說的後殖民思考》（台北：麥田，2009），頁 229～270。

6. 吳佩珍，〈台灣皇民化時期小說中「血」的象徵與日本近代優生學論述〉，收於彭小妍編，《跨文化情境：差異與動態融合──臺灣現當代文學文化研究》（台北：中央研究院中國文哲所，2013），頁 15～38。

7. 吳佩珍，〈皇民化時期的語言政策與內台結婚問題：以眞杉靜枝〈南方的語言〉爲中心〉，收於《眞杉靜枝與殖民地台灣》，頁 107～124。

8. 阮斐娜著，陳宏淑譯，〈性別・民族誌・殖民文化生產：西川滿的臺灣論述〉，收於李奭學編，《異地繁花：海外臺灣文論選譯（下）》（台北：臺灣大學出版中心，2012），頁 159～184。

9. 垂水千惠，羅仕昀譯，〈東京／台北：透過 café 的角度看普羅文學與現代性〉，收於吳佩珍編《中心到邊陲的重軌與分軌：日本帝國與臺灣文學・文化研究》（台北：國立臺灣大學出版中心，2012），頁 243～264。

10. 范銘如，〈新文學女性作家小史〉，收於《文學地理：台灣小說的空間閱讀》（台北：麥田，2008），頁 293～294。

11. 孫秀蕙，〈再現「現代女性」：日治時期《臺灣婦人界》的廣告圖像符號研究〉，收錄於吳詠梅、李培德編《圖像與商業文化——中國近代廣告的文化分析》（香港：香港大學出版社，2014），頁 207～232。

12. 橋本恭子，〈在臺日本人的鄉土主義——島田謹二與西川滿的目標〉，收於吳佩珍編，《中心到邊陲的重軌與分軌：日本帝國與臺灣文學・文化研究（中）》（台北：台灣大學出版中心，2012），頁 333～379。

13. ひろたまさき，〈文明開化と女性解放論〉，收於女性史總和研究會編，《日本女性史》第四卷近代（東京：東京大學出版會，1982），頁 1～40。

14. 山川菊榮，〈日本婦人の社会事業について伊藤野枝氏に与う〉，收於鈴木裕子編，《山川菊榮評論集》（東京：岩波書店，1990），頁 16～28。

15. 山川菊榮，〈母性保護と経済的独立——与謝野・平塚二氏の論争——〉，收於鈴木裕子編，《山川菊榮評論集》（東京：岩波書店，1990），頁 61～83。

16. 山川菊榮，〈現代生活と売春婦〉，收於鈴木裕子編，《山川菊榮評論集》（東京：岩波書店，1990），頁 41。

17. 川村光邦，〈日常性／異常性の文化と科学：脳病・変態・猟奇をめぐって〉，收於小森陽一編，《岩波講座近代日本の文化史〈5〉編成されるナショナリズム》（東京：岩波書店，2002），頁 83～117。

18. 吉川豊子，〈『恋愛と結婚』「エレン・ケイ」とセクソロジー〉，收於新・フェミニスト批評の会編，《『青鞜』を読む》（東京：學藝書林，1998年），頁 243～268。

19. 長谷川啓，〈〈新しい女〉の探求——附録「ノラ」「マグダ」「新しい女、其他婦人問題に就て〉，收於新・フェミニスト批評の会編，《『青鞜』を読む》（東京：學藝書林，1998），頁 285～304。

20. 紅野謙介，〈女性作家とメディア——「処女地」のひとびと〉，收於市古夏生、菅聡子編《日本女性文學大事典》（東京：日本図書センター，2006），頁 360～366。

（2）期刊論文

1. 吳佩珍，〈家國意識形態的逃亡者：由田村俊子初期作品看明治期「女作家」及「女優」的定位〉，《中外文學》第 34 卷（2005 年 10 月），頁 87〜106。

2. 吳叡人，〈重層土著化的歷史意識：日治後期黃得時與島田謹二的文學史論述之初步比較分析〉，《臺灣史研究》16 卷 3 期（2009 年 9 月），頁 133〜163。

3. 阮斐娜，吳佩珍譯，〈目的地台灣！──日本殖民時期旅行書寫中的台灣建構〉，《台灣文學學報》第 10 期（2007 年 6 月），頁 57〜76。

4. 阮斐娜著，張季琳譯，〈西川滿和《文藝臺灣》──東方主義的視線〉，《中國文哲研究通訊》11 卷 1 期（2001 年 3 月），頁 135〜145。

5. 林芳玫，〈日治時期小説中的三類愛慾書寫：帝國凝視、自我覺醒、革新意識〉，《中國現代文學》第 17 期（2010 年 6 月），頁 125〜160。

6. 林慧君，〈坂口零子小説人物的身分認同──以〈鄭一家〉、〈時計草〉為中心〉，《台灣文學學報》第 8 期（2006 年 6 月），頁 123〜145。

7. 武久康高，吳佩珍譯，〈超越「尺度」的方法──「皇民文學」與坂口䙝子的〈杜秋泉〉、〈鄭一家〉〉，《台灣文學學報》第 12 期（2008 年 6 月），頁 27〜44。

8. 星名宏修，〈植民地の「混血児──「内台結婚」の政治学〉，收於藤井省三、黃英哲、垂水千惠編，《台湾の「大東亜戦争」》（東京：東京大學出版会，2002），頁 267〜294。

9. 星名宏修，〈複數的島都／複數的現代性──以徐瓊二的〈島都的近代風景〉為中心〉，《台灣文學與跨文化流動・東亞現代中文文學國際學報》第三期台灣號（2007 年），頁 177〜196。

10. 張隆志，〈從「舊慣」到「民俗」：日本近代知識生產與殖民地臺灣的文化政治〉，《臺灣文學研究集刊》第 2 期（2006），頁 33〜58。

11. 張曉旻，〈日治時期臺灣性病防治政策的展開〉，《臺灣史研究》20 卷 2 期（2013 年 6 月），頁 77〜122。

12. 許俊雅編，「思潮與對話──日治時期台灣文學雜誌概況」專題，《文訊》第 304 期（2011 年 2 月），頁 41〜95。

13. 蔡錦堂，〈日本治台時期所謂「同化政策」的實像與虛像初探〉，《淡江史學》第 13 期（2002 年 10 月），頁 181〜192。

14. 蔡錦堂，〈日本治台時期所謂同化主義的再檢討──以内地延長主義為中心〉，《臺灣史蹟》第 36 期（2000 年 6 月），頁 243〜244。

15. 石田雄，〈「同化」政策と創られた觀念としての「日本」（下）〉，《思想》第 893 期（1998 年 11 月），頁 141〜174。

16. 石田雄，〈「同化」政策と創られた觀念としての「日本」（上）〉，《思想》第 892 期（1998 年 10 月），頁 47～75；

17. 何純慎，〈植民地統治下台湾における近代女性像の形成：『台湾婦人界』を中心に（テクスト分析）〉，《文化記号研究》第 1 期（2012 年 3 月），頁 88～89。

18. 吳佩珍，〈植民地期台灣における日本耽美派の系譜－永井荷風「濹東綺譚」と西川滿「稻江冶春詞」を中心に－〉，《日本學》第 30 輯（2010 年 5 月），頁 57～81。

### （3）研討會論文

1. 許俊雅，〈日治時期台灣小說的生成與發展〉，「百年小說研討會」會議論文（台北：文建會，2011 年 5 月 21 日）。

### （4）學位論文

1. 王湘婷，〈日治時期女性圖像分析──以《臺灣婦人界》爲例〉，國立政治大學廣告學系碩士論文，2011。

2. 李純芬，〈帝國視線下的在地民俗實踐：殖民地臺灣文學中的婚喪書寫（1937～1945）〉，台中：國立中興大學臺灣文學研究所碩士論文，2009。

3. 張育薰，〈日治後期臺灣民俗書寫之文化語境研究〉，新竹：國立清華大學台灣文學研究所，2011。

4. 曾馨霈，〈民俗記述與文學實踐：1940 年代臺灣文學葬儀書寫研究〉，台北：國立臺灣大學臺灣文學研究所碩士論文，2010。

5. 廖苑純，〈異族婚姻的法制與文化調適：以日治時期「內台共婚」案例分析爲中心〉，台南：成功大學歷史學系碩士論文，2012。

6. 蔡佩均，〈想像大眾讀者：「風月報」、「南方」中的白話小說與大眾文化建構〉。台中：靜宜大學中國文學研究所碩士論文，2006。

### （五）網路資源

1. 國立台灣圖書館日治時期期刊全文影像系統：
http://stfj.ntl.edu.tw/cgi-bin/gs32/gsweb.cgi/login?o=dwebmge（2014 年 6 月查閱）

2. 國立台灣圖書館日治時期圖書全文影像系統：
http://stfb.ntl.edu.tw/cgi-bin/gs32/gsweb.cgi/login?o=dwebmge（2014 年 6 月查閱）

3. JapanKnowledge Lib：http://japanknowledge.com/library/（2014 年 6 月查閱）

## 二、英文文獻

### （一）專　書

1. Gayatri Chakravorty Spivak, *A Critique of Postcolonial Reason: Toward a History of the Vanishing Present*（Cambridge: Harvard University Press, 1999）.

2. Sandra M. Gilbert and Susan Gubar, *Madwomen in the Attic: The Woman Writer and the Nineteenth-Century Literary Imagination*（New Haven: Yale University Press, 1979）.

3. Harry Harootunian, *Overcome by Modernity: History, Culture and Community in Interwar Japan*（New Jersey: Princeton University Press, 2000）.

4. Homi Bhabha , *The Location of Culture*（London and New York: Routledge, 1994）

5. Marianna Torgovnick, *Primitive Passions: Men, Women, and the Quest for Ecstasy*（New York: Alfred A. Knopf, Inc, 1996）.

6. Michiko Suzuki, *Becoming Modern Women: Love and Female Identity in Prewar Japanese Literature and Culture*（California: Stanford University Press, 2010）.

7. Miriam Rom Silverberg, *Erotic grotesque nonsense: the mass culture of Japanese modern times*（Berkeley: University of California Press, 2006）.

8. Sandra Reineke, *Beauvoir and Her Sisters: The Politics of Women's Bodies in France*（Urbana: University of Illinois Press, 2011）.

9. Susan Friedman, *Mappings: Feminism and the Cultural Geographies of Encounter*（Princeton, New Jersey: Prinston University Press, 1998）.

10. Tani E. Barlow ed., *Formations of colonial modernity*（ Durham &London:Duke University Press, 1997）.

11. The Modern Girl Around the World Research Group（Alys Eve Weinbaum, Lynn M. Thomas, Priti Ramamurthy, Uta G. Poiger, Madeleine Y. Dong, and Tani E. Barlow）,*The Modern Girl Around the World: Consumption, Modernity, and Globalization*（Durham and London: Duke University Press, 2008）.

12. Yuko Kikuchi ed., *Refracted Modernity:Visual Culture and Identity in Colonial Taiwan*（Honolulu: University of Hawaii Press, 2007）.

### （二）論　文

#### （1）專書論文

1. Gayatri Chakravorty Spivak. "Can the Subaltern Speak?," in Cary Nelson

and Lawrence Grossberg eds. *Marxism and the Interpretation of Culture* （Urbana: University of Illinois Press, 1988）, pp. 271-313.

2. Gayatri Chakravorty Spivak, "Three Women's Texts and a Critique of Imperialism", in Henry Louis Gates, Jred., *"Race," Writing, and Difference* （Chicago: The University of Chicago Press, 1985）, pp. 262-280.

3. Gayle Rubin, "The Traffic in Women: Notes on the Political Economy of Sex," In Rayna R. Reiter Ed., *Toward an Anthropology of Women*（New York: Monthly Review Press, 1975）,pp. 157-210.

4. James Clifford, "On Orientalism," in *The Predicament of Culture: Twentieth-Century ethnography, Literature, and Art*（Harvard: Harvard University Press, 1988）, pp. 255-276.

（2）期刊論文

1. Julia Kristeva, Alice Jardine and Harry Blake trans. "Woman's Time", *Signs: Journal of Woman in Cultural and Society* vol. 7 no.1 （1981）, pp13-35.

2. Laura Mulvey, "Visual Pleasure and Narrative Cinema," Screen vol. 16 no. 3 （Autumn 1975） pp. 6-18

3. Tessa Morris-Suzuki, "*Formations of Colonial Modernity in East Asia*（Book Review）," *Journal of World History* vol.10 no.2 （1999）, pp. 485-487.

4. Fredric Jameson, "*Third-World Literature in the Era of Multinational Capitalism*," *Social Text* No. 15 （Autumn, 1986）, pp. 65-88.

# 附錄一 《臺灣婦人界》小說作品列表[註1]

| | 篇 名 | 作 者 | 卷期（年月） | 備 註 |
|---|---|---|---|---|
| 1 | 臺北五年 | 柴山武矩 | 1卷創刊號（1934年5月） | 共1回，未完 |
| 2 | 屍婚 | 小島泰介 | 1卷創刊號（1934年5月）、1卷6月號（1934年6月） | 共2回（已收入《台灣通俗文學集》） |
| 3 | 渦卷 | 卜村凹郎 | 1卷6月號（1934年6月）、1卷7月號（1934年7月） | 共2回 |
| 4 | 城隍爺祭 | 西川滿 | 1卷6月號（1934年6月） | 共1回 |
| 5 | 空は紅い | 大野倭文子 | 1卷7月號（1934年7月）、1卷9月號（1934年8月）、1卷10月號（1934年9月）、1卷11月號（1934年10月）、1卷7號（12月號）（1934年11月） | 共5回，未完（已收入《台灣通俗文學集》） |
| 6 | 父 | 巾村恒三郎 | 1卷10月號（1934年9月） | 共1回 |
| 7 | サラリー日 | 小林星眸 | 1卷10月號（1934年9月） | 共1回 |
| 8 | 巷の女 | 黃寶桃 | 1卷10月號（1934年9月） | 共1回 |
| 9 | 役者ザンゲ | ハラ・テツコ | 1卷7號（12月號）（1934年11月） | 共1回 |
| 10 | はるのうたかた | ハラ・テツコ | 2卷2號（1935年1月） | 共1回 |

〔註1〕《臺灣婦人界》之卷期編目不一，時以發行月份爲期號（如1934年5月發行者爲1卷5月號），時以發行順序爲期號（如1934年11月發行者爲1卷7號），或又以年節爲名（如新年特別號、天長節號）。故本表同時列出卷期號、發行年月並另標示年節，避免混淆。本表包含質與量不等的長、短篇，共計43位作者，56篇作品。收入中島利郎《台灣通俗文學集》者將於備註欄註明。

| 11 | こんな手紙を残して行つた | 水原良二 | 2 卷 2 號（1935 年 1 月） | 共 1 回 |
|---|---|---|---|---|
| 12 | まあちゃん | 不二英三 | 2 卷 2 號（1935 年 1 月） | 共 1 回 |
| 13 | 蝕ぽまれた家庭 | 小川清 | 2 卷 2 號（1935 年 1 月） | 共 1 回 |
| 14 | 女二人 | 花房文子 | 2 卷 8 號（1935 年 7 月） | 共 1 回 |
| 15 | 甲板の妖人 | 松浦泉三郎 | 2 卷 9 號（1935 年 8 月） | 共 1 回 |
| 16 | 愛よとわに | 橋本尚夫 | 2 卷 9 號（1935 年 8 月）、2 卷 10 號（1935 年 9 月） | 共 2 回 |
| 17 | 爭鬪 | 宇津木智 | 2 卷 10 號（1935 年 9 月）、2 卷 12 號（1935 年 11 月）、3 卷 1 號(1935 年 12 月)、3 卷 3 號(1936 年 3 月) | 共 4 回，未完 |
| 18 | 戀のトーキー | 久野豐彦 | 2 卷 11 號（1935 年 10 月）、2 卷 12 號（1935 年 11 月）、3 卷 1 號(1935 年 12 月)、3 卷 3 號(1936 年 3 月)、3 卷 4 號（1936 年 4 月）、3 卷 6 月號（始政紀念號）（1936 年 6 月)、3 卷 7 月號(1936 年 7 月)、3 卷 8、9 月號（1936 年 8 月）、3 卷 11 月號（1936 年 10 月）、3 卷 12 月號（1936 年 12 月） | 共 10 回，未完 |
| 19 | 航路 | 別所夏子 | 2 卷 11 號（1935 年 10 月） | 共 1 回 |
| 20 | 叛むく者 | 福田綠浩 | 2 卷 11 號（1935 年 10 月） | 共 1 回 |
| 21 | 母性愛 | 大原詩解美 | 2 卷 12 號（1935 年 11 月） | 共 1 回 |
| 22 | ミス・エチオピア | 內海伸 | 2 卷 12 號（1935 年 11 月） | 共 1 回 |
| 23 | 時計 | 宇佐治雄 | 3 卷 1 號（1935 年 12 月）、3 卷 3 號（1936 年 3 月） | 共 2 回 |
| 24 | 貞操日記 | 楠田敏郎 | 3 卷 1 號（1935 年 12 月）、3 卷 3 號（1936 年 3 月）、3 卷 4 號（1936 年 4 月)、3 卷 6 月號（始政紀念號）（1936 年 6 月）、3 卷 7 月號（1936 年 7 月）、3 卷 8、9 月號（1936 年 8 月）、3 卷 10 月號（1936 年 10 月）、3 卷 11 月號（1936 年 10 月）、3 卷 12 號（1936 年 12 月） | 共 9 回，未完 |

| 25 | 春の足音 | 牧田潤次 | 3 卷 3 號（1936 年 3 月）、3 卷 4 號（1936 年 4 月） | 共 2 回 |
|---|---|---|---|---|
| 26 | 轟々と流れるもの | 西川滿 | 3 卷 3 號（1936 年 3 月）、3 卷 4 號（1936 年 4 月）、3 卷 5 號（天長節號）（1936 年 5 月）、3 卷 6 號（始政紀念號）（1936 年 6 月）、3 卷 7 號（1936 年 7 月）、3 卷 8、9 號（1936 年 8 月）、3 卷 10 號（1936 年 10 月）、3 卷 11 號（1936 年 10 月）、3 卷 12 號（1936 年 12 月）、4 卷 1 號（1937 年 1 月）、4 卷 2 號（1937 年 2 月）、4 卷 3 號（1937 年 3 月）、4 卷 4 號（1937 年 4 月）、4 卷 5 號（1937 年 5 月） | 共 14 回，第 13 回分兩次刊載 |
| 27 | 隱れたる生涯 | 榛多忠喜知 | 3 卷 4 號（1936 年 4 月）、3 卷 5 號（天長節號）（1936 年 5 月） | 共 2 回 |
| 28 | 或る夜 | 渡邊深雪 | 3 卷 4 號（1936 年 4 月） | 共 1 回 |
| 29 | 貸用蝸牛御難 | 奈木晨彌太郎 | 3 卷 4 號（1936 年 4 月）、3 卷 5 號（天長節號）（1936 年 5 月）、3 卷 6 號（始政紀念號）（1936 年 6 月） | 共 3 回（已收入《台灣通俗文学集》） |
| 30 | 煉獄 | 淺原謙 | 3 卷 5 號（天長節號）（1936 年 5 月）、3 卷 6 號（始政紀念號）（1936 年 6 月） | 共 2 回 |
| 31 | すくすく育て少年時代 | 榛多忠喜知 | 3 卷 6 號（始政紀念號）（1936 年 6 月） | 共 1 回 |
| 32 | 流轉——殖民地に描かれた或る女の人生—— | 榎本眞砂夫 | 3 卷 10 號（1936 年 11 月） | 共 1 回（已收入《台灣通俗文学集》） |
| 33 | 結婚した女 | 武田麟太郎 | 4 卷 1 號（1937 年 1 月） | 共 1 回 |
| 34 | 濁水の魚 | 柴田杜夜子 | 4 卷 1 號（1937 年 1 月） | 共 1 回（已收入《台灣通俗文学集》） |
| 35 | 赤い太陽 | 夢羅多 | 4 卷 1 號（1937 年 1 月） | 共 1 回（已收入《台灣通俗文学集》） |
| 36 | 女親 | 陳華培 | 4 卷 1 號（1937 年 1 月） | 共 1 回（已收入《台灣通俗文学集》） |
| 37 | 孤獨な戀愛境 | 草島由紀子 | 4 卷 4 號（1937 年 4 月）、4 卷 5 號（1937 年 5 月）、4 卷 7 號（1937 年 7 月） | 共 3 回 |

| 38 | 泥靴 | 柴田杜夜子 | 4 卷 4 號（1937 年 4 月）、4 卷 6 號（1937 年 6 月）、4 卷 7 號（1937 年 7 月）、4 卷 8 號（1937 年 8 月）、4 卷 10 號（1937 年 10 月）、4 卷 11 號（1937 年 11 月）、4 卷 12 號（1937 年 12 月）、5 卷 1 號（新年號）（1938 年 1 月） | 共 8 回(已收入《台灣通俗文學集》) |
|---|---|---|---|---|
| 39 | 花嫁風俗 | 陳華培 | 4 卷 6 號（1937 年 6 月） | 共 1 回(已收入《台灣通俗文學集》) |
| 40 | 華嚴 | 西川滿 | 4 卷 6 號（1937 年 6 月）、4 卷 7 號（1937 年 7 月）、4 卷 8 號（1937 年 8 月）、4 卷 9 號（1937 年 9 月）、4 卷 11 號（1937 年 11 月）、5 卷 1 號（新年號）（1938 年 1 月）、5 卷 2 號（1938 年 2 月）、5 卷 3 號（1938 年 3 月）、5 卷 4 號（1938 年 4 月）、5 卷 5 號（1938 年 5 月）、5 卷 7 號（1938 年 7 月）、5 卷 8 號（1938 年 8 月）、5 卷 9 號（1938 年 9 月） | 含豫告共 13 回 |
| 41 | 燈臺下暗し | 清香その子 | 4 卷 7 號（1937 年 7 月）、4 卷 8 號（1937 年 8 月） | 共 2 回(已收入《台灣通俗文學集》) |
| 42 | あたしの告白記 | わかもと・とり子 | 4 卷 8 號（1937 年 8 月）、4 卷 9 號（1937 年 9 月）、4 卷 10 號（1937 年 10 月） | 共 3 回 |
| 43 | 男の氣持 | 陳華培 | 4 卷 9 號（1937 年 9 月）、4 卷 10 號（1937 年 10 月）、4 卷 11 號（1937 年 11 月）、4 卷 12 號（1937 年 12 月）、5 卷 1 號（新年號）（1938 年 1 月）、5 卷 2 號（1938 年 2 月）、5 卷 3 號（1938 年 3 月）、5 卷 4 號（1938 年 4 月）、5 卷 5 號（1938 年 5 月） | 共 9 回(已收入《台灣通俗文學集》) |
| 44 | 梨花夫人 | 西川滿 | 4 卷 10 號（1937 年 10 月） | 共 1 回 |
| 45 | 先生と奧様と書生 | 山岡夢生 | 4 卷 11 號（1937 年 11 月） | 共 1 回，未完 |
| 46 | 蘭人の頌 | 西川滿 | 4 卷 12 號（1937 年 12 月） | 共 1 回 |
| 47 | 受取人不在の手紙 | 有津閑子 | 5 卷 6 號（1938 年 6 月） | 共 1 回 |
| 48 | 待てば海路 | 町野仁太 | 5 卷 6 號（1938 年 6 月） | 共 1 回，未完 |

| 49 | 明暗 | 濱地文男 | 5 卷 8 號（1938 年 8 月）、5 卷 9 號（1938 年 9 月）、5 卷 10 號（1938 年 10 月） | 共 3 回（已收入《台灣通俗文學集》） |
|---|---|---|---|---|
| 50 | 信女 | 陳華培 | 5 卷 9 號（1938 年 9 月）、5 卷 10 號（1938 年 10 月）、5 卷 11 號（1938 年 11 月）、5 卷 12 號（1938 年 12 月） | 共 4 回（已收入《台灣通俗文學集》） |
| 51 | 佛桑華 | 鳥居榕子 | 5 卷 11 號（1938 年 11 月）、5 卷 12 號（1938 年 12 月）、6 卷 1 號（新年號）（1939 年 1 月）、6 卷 2 號（1939 年 1 月）、6 卷 3 號（1939 年 3 月）、6 卷 4 號（1939 年 4 月） | 共 6 回（已收入《台灣通俗文學集》） |
| 52 | 葦分舟 | 別所夏子 | 6 卷 1 號（新年號）（1939 年 1 月）、6 卷 2 號（1939 年 1 月） | 共 2 回，未完 |
| 53 | 戰場の夜 | 式部二郎 | 6 卷 2 號（1939 年 1 月） | 共 1 回 |
| 54 | 十姊妹 | 陳華培 | 6 卷 3 號（1939 年 3 月）、6 卷 5 號（1939 年 5 月） | 共 2 回，未完 |
| 55 | 蒼白い夢 | 茅野研一 | 6 卷 6 號（1939 年 6 月） | 共 1 回（已收入《台灣通俗文學集》） |
| 56 | 枝を鳴らして | 西川滿 | 6 卷 6 號（1939 年 6 月） | 共 1 回 |

# 附錄二：黃寶桃〈巷之女〉日文及中譯全文

## 巷の女　黃氏寶桃

　　古ぼけたビクトロラーの、すすけた音律が、街の甍に、蝙蝠の如くへはりついて、星の夜空に、ツイツイと飛んで行く――。

　　夜の都の猟奇を漁って、餓えた海豹の如く男達が、裏街を泳いでいる。

　　寶連は、今宵も、せき上ぐる羞恥心を引きしめて、物陰に忍ばねばならなっかた。秘密を抱いた女の眸は、月の出た夜に、カミソリの如く、鋭くわけて美しかった。

　　軽快な階調を奏でて、鋪道を靴が来る――　寶連の胸が躍動した。

　　――ねえ、ちょいと

　　物の蔭から、寶連の媚を含んだうるみ声が招いた。男は二三間行く過ぎる、とクルリッときびすを返して、ソフトのツバを引き乍ら、近づいて来た。

　　――いくらだい？

　　男は、淫らな笑みを浮かべて、プゴをしゃくった。寶連は何時となく覚えた、そぐはない嬌態をつくると、

　　――ねえ、いくらでも

　　と云った。瞬間ッ！男は頑強な掌が寶連の蒼い糸の如き、手頸をグイと摑んだ。寶連の脚が、膝が、ダダット崩れのめりかけた。

　　——すみません。本当にすみません——

　　悲しい粧ひをこらした、寶連の哀願も夜霧に、邪見に、払ひのけられて、男は悶える寶連をグイグイ引いて行った。街の灯が潤んだ彼女の、視野の中遠のいて行った。

＊　　　　＊　　　　＊

　　二十九日間の拘留から、やっと解放された寶連は、街の夏めいた蒼空を、仰ぎ乍ら萎えた児と、病気の夫が待っているであろう——我が家へ歩んだ。空には、プどバルーンが、しっくりと眠っていた。

　　急ぎ込んで、我が家に飛び込んだ寶連の、胸底に虫が知らすのか、不安の影がチラとゆらいだ。塵埃を払ふまもなく、固くとざされた戸を開けた、寶連の胸に黒ずんだ部屋の中から、異様な感情が激しく流れ込んで来た。

　　——あなた、あなた——

　　力の限り、夫の頸に抱きついて、寶連は、枯草の如く体を摺り寄せて、ヨ、と泣き崩れた。乳児も、夫の糸の如く肋骨の中で、白く、白く昇天していた。

　　灯の無い家の中へ、夜が忍んで来た。

　　寶連は黒ずんだ畳の上にうなだれて、動かず、薬瓶と遺書が変わり果て夫の——枕元に……すべての惨めさを泣いていた。

＊　　　　＊　　　　＊

　　流れずとも、風がすぶる川面の水の如く、ただれた社会を限りなく咀怨し乍ら、巷から巷へ漂泊する女がある。

　　今宵、ひどい夜霧キールンの街を俯瞰し乍ら、女は、遠い思い出に、なせが——泣いているのだ。

　　《臺灣婦人界》1 卷 10 月號（1934 年 9 月），頁 117～118。

## 巷之女　黃氏寶桃

陳舊褪色的 Victrola 留聲機傳來被燻黑的音律，如蝙蝠般緊貼在街道的屋瓦，忽地向夜晚的星空飛去——。

如飢餓海豹般的男人們，尋求夜晚都市的獵奇，在巷子裡游泳。

寶連今夜也須壓抑著湧上的羞恥心，躲在暗處。在有月亮的夜裡，懷抱密的女性眼眸，美得如剃刀般銳利。

輕快的音調響起，鞋聲從步道傳來——寶連胸中直跳。

——噯，來一下嘛。

寶連從陰影處以含嬌帶媚的迷濛嗓音招呼。男人走了一小段距離，又迅速轉身迴返，一邊拉了拉軟帽的帽簷，一邊靠過來。

——多少錢？

男人浮現淫笑，打了個嗝。寶連擺出不知何時學會的違心的嬌態。

——噯，多少錢都好。

她說。就在瞬間！男人頑強的手掌扭住寶連如蒼白細線的手腕，寶連的腳、膝啪嗒向前跪下。

——對不起、真的對不起——

夜霧毫無憐憫地，拂過寶連打扮完好的悲切妝容、拂過寶連的苦苦哀求。男人使勁拖走掙扎扭動的寶連，街燈在她模糊不清的視野中遠遠退去。

＊　　　＊　　　＊

寶連終於從二十九日的拘留解放出來。那仰望著街上湛藍晴空的萎靡兒子，還有生病的丈夫，都在等著她吧。她快步跑回家去。天空中的氣球和睦地酣睡著。急切飛奔回家的寶連，心中有股預感，不安的黑影掠過。拂去塵埃後打開緊閉的門，黑暗的房內，一股異樣的情感猛烈流入寶連胸中。

啊啊，在黑暗當中，丈夫已悽慘地自殺了。

——老公、老公——

寶連用有限的力氣緊緊抱著丈夫的脖子，緊挨著那枯草一般的軀體，「哦」地一聲哭倒在地。嬰兒也在丈夫細如棉線的肋骨之中，慘白地、慘白地昇天了。

夜朝向沒有燈火的家中悄悄來臨。

寶連在烏黑的榻榻米上垂著頭，無法動彈。面目全非的丈夫，留下藥瓶和遺書於枕邊。寶連爲這所有的悲慘哭泣著。

＊　　　＊　　　＊

如同流動的風、搖晃的河水般，有位無境盡地怨恨這潰爛的社會、在巷弄間漂泊的女子。

今夜她俯瞰著夜霧彌漫的基隆街道，想起了遙遠的往事……她爲什麼哭泣呢？

# 普羅文學的情感
## ——巫永福〈愛睏的春杏〉與翁鬧〈戀伯〉

## 一、台灣普羅文學：在「系譜」以外

在日治時期文學研究中，左翼文學與現代主義文學往往被詮釋爲兩個相背的分野。一方是訴諸寫實主義，強調抵抗與批判精神的賴和、呂赫若、楊逵等文學「正典」。相對的一方，則有接近現代主義路線的巫永福、翁鬧、楊熾昌等。他們描寫心理層面的美學手法多受讚譽，卻經常被視爲日治時期文學中的「非正典」甚至是「異數」。

進一步細究，這種「左翼正典」與「現代主義非正典」分野的構成，往往來自研究者傾向仰賴文學「系譜」來界定作家的文學史定位。例如，楊逵的小說與評論經常被認爲是取材自日本普羅文學論爭的再創造。而巫永福、翁鬧的作品則被視爲是日本新感覺派文學傳播到殖民地的產物。一方是由在地應運而生、以階級和民族鬥爭爲骨幹的社會寫實路線，一方是以多元文化主義、全球化爲大方向的現代主義路線。當對強勢文化潮流的不認同或抵抗，成爲第三世界以及殖民地文學的認可機制〔註1〕，而現代主義被視爲是一種由都會中心向外擴張的強勢文化時，翁鬧與巫永福的美學便被劃出了正典的「系譜」之外。

---

〔註1〕 史書美在〈全球的文學，認可的機制〉曾指出第三世界文學在美式全球化多元文化主義與在地民族主義這種二元對立的認可機制。史書美著，紀大偉譯，〈全球的文學，認可的機制〉，《清華學報》34 卷 1 期（2004 年 6 月），頁 5～10。

事實上，「左翼正典」與「現代主義非正典」的二元分野，滿足的往往是研究者在建構論述系譜上的需要，而非作家所真實面對的時代需要。舉例來說，翁鬧的小說〈戇伯〉（〈戇爺さん〉）以現代主義技法描寫殖民地台灣的農村，是 1933 年投稿日本改造社文學雜誌《文藝》的入選佳作〔註2〕。審視當時日本文壇的情形，前衛現代主義作家與普羅文學作家都因應大眾（the masses）的浮現，去嘗試協商他們的文學理念，而《文藝》正是一部連結日本當時社會主義派與現代主義藝術派的雜誌，號稱是雙方陣營的和解契機。對應到日本文壇的脈動，翁鬧在現代主義技法和普羅題材上的選擇，也可被視為是一種協商雙方陣營的企圖。1930 年代也是台灣作家熱烈思考文藝與大眾之關係的時期。翁鬧協商普羅題材與現代主義技法的企圖，在發表另一部以軟性手法處理農村題材的小說〈羅漢腳〉時，就遭強調寫實主義的文學同儕批評〔註3〕。由上述觀察可知，翁鬧所面對最迫切的時代需要，不僅在於技法的前衛與否，還在於就「如何思考與描寫大眾」這點，與日本及台灣的寫作同儕協商。我認為，要正確的評價巫永福與翁鬧這樣的寫作者，首先需要突破當代研究者自身所處的二元對立認可機制，不僅止於比較、追溯他們在現代主義技法上的來源與「系譜」，還要將他們置放於普羅文學在殖民台灣興起的脈絡中檢視。

日本普羅文學發軔於 1921 年代創刊的雜誌《種蒔者》（種蒔く人），其中平林初之輔強調無產階級的解放為普羅文藝運動的綱領。1926 年，青野季吉在〈自然生長與目的意識〉（自然生長と目的意識）中提議進一步將階級鬥爭的目的意識注入普羅文學。1928 年，藏原惟人於《戰旗》（全日本無產者藝術聯盟「納普（NALP）」機關誌）發表〈邁向無產階級寫實主義之道〉（プロレタリア・レアリズムへの道）主張普羅文學應正確地描寫出明確的階級觀以及世界觀。此後，以「納普」為指導機關的普羅文學理論，堅持黨的立場以及客觀寫實的「唯物辯證法」〔註4〕，在題材、創作方法上漸趨教

〔註2〕 翁鬧〈戇伯〉在日本《文藝》發表的情形見黃毓婷，〈植民地作家翁鬧再考：1930 年代帝都東京の光と影〉，東京：東京大学比較文学比較文化專攻博士課程博士論文，2012，頁 42。

〔註3〕 翁鬧與同時代作家的論爭見朱惠足，〈「現代」與「原初」之異質交混：翁鬧小說的現代主義演繹〉，《台灣文學學報》第 15 期（2009 年 12 月），頁 29～31。

〔註4〕 趙勳達，〈反教條主義的旗手——楊逵對台灣普羅文學的反思〉，《閱讀楊逵》（台北：秀威資訊，2013），頁 165～174。

條化。1932 年，支持藏原惟人理論的小林多喜二與貴司山治、德永直就「文藝大眾化」的問題展開論爭。儘管提倡以歷史小說形式的貴司山治和傾向社會主義寫實主義的德永直不同意彼此的主張，兩人皆注意到讀者大眾的重要性〔註5〕。隨著政府對左翼作家的鎮壓日趨嚴厲，1934 年小林多喜二受到警察嚴刑拷問而死，普羅文學作家紛紛「轉向」，並與其他文藝陣營組成聯合陣線。為因應大眾文學的勃興並爭取讀者，原為新感覺派旗手的橫光利一發表〈純粹小說論〉（1935），提議在純文學中融入通俗小說的形式，也受到左翼作家青野季吉的響應〔註6〕。

　　台灣普羅文學運動，以 1930 年台灣共產黨員發起《伍人報》為開端，正處於日本普羅文學理論嘗試由教條式的指令走向大眾化的轉形期。台灣作家對於日本普羅文藝理論並非亦步亦趨地跟隨，而是取材不同陣營的觀點來因應台灣的情況〔註7〕。如同柳書琴所述，1930 年代日本左翼作家面臨的「轉向」試煉，對台灣作家而言是一種沒有掙扎空間的既成現實，「比起探究『轉向』問題或刻劃抗拒掙扎的心路歷程，他們更關心如何以不同取向的文藝運動繼承反殖運動，實現文化抗爭理想，同時繼續維持和擴張既有文壇的發展」〔註8〕。又如古芃（Bert M. Scruggs）所指出，台灣普羅文學不同於蘇聯、美國、日本普羅文學的特色，即將階級問題連接到資本主義與殖民主義造就的中心／邊陲關係〔註9〕。因此，與其將台灣普羅文學視為與日本普羅文學一脈相承的支流並試圖回溯其「系譜」，不如將台灣普羅文學視為一種因應在地需要而生並不斷向外汲取資源的文藝運動。事實上，即使是台灣文壇中可稱最工整的普羅文學作家楊逵，也不贊同日本普羅文學指導機關「納普」

〔註5〕 白春燕，〈論楊逵對 1930 年代日本文藝大眾化論述的吸收與轉化〉，《閱讀楊逵》（台北：秀威資訊，2013），頁 226～248。

〔註6〕 謝惠貞，日治時期下台灣的〈純粹小說論〉論爭——兼論楊逵對橫光利一理論的援引，《閱讀楊逵》（台北：秀威資訊，2013），頁 99～109。

〔註7〕 以楊逵為例，他援引過的日本理論包括德永直、橫光利一等，垂水千惠，〈談台灣普羅作家楊逵所懷抱的矛盾與糾葛〉，收於吳佩珍編，《中心到邊陲的重軌與分軌（下）》（台北：臺大出版中心，2012），頁 189～209；謝惠貞，日治時期下台灣的〈純粹小說論〉論爭——兼論楊逵對橫光利一理論的援引。

〔註8〕 柳書琴，〈台灣文學的邊緣戰鬥：跨域左翼文學運動中的旅日作家〉，《台灣文學研究集刊》（台北：國立台灣大學台灣文學研究所，2007），頁 52。

〔註9〕 Bert Mitchell Scruggs, *Translingual narration: colonial and postcolonial Taiwanese fiction and film* (Honolulu : University of Hawaii Press, 2015), pp. 57 ～87.

理論的機械性，反對以意識形態指導創作、反對以階級鬥爭爲唯一主題、也反對所謂完全客觀寫實的唯物辯證法。他主張普羅文學需汲取自對生活的認識，也著重文學虛構性與想像帶給創作的生命力。趙勳達便主張，應對台灣普羅文學採取寬鬆定義，而非教條化的定義〔註10〕。例如〈愛睏的春杏〉（〈眠い春杏〉）以超現實主義的手法將春杏的內心世界給具象化，可說是建立在「對生活的認識」之上的普羅文學〔註11〕。

　　研究者對普羅文學的界定，大抵聚焦在文學作品對階級結構的揭露、剖析，以及階級意識的萌芽。由外在客觀角度描寫社會結構的寫實主義作品，或許較能直截了當的呈現出宰制與壓迫的權力關係。然而，宰制與壓迫的權力關係除了表現在人物外在形象的塑造以及智識上的醒悟外，也表現在人物內心幽微的情感、情緒與心理狀態。巫永福與翁鬧關注台灣傳統家族與農村轉型當中的兒童、女性、農民與老人，從台灣最底層的勞動者身上發掘這種壓迫結構與社會變遷下的細緻情感轉折，其美學企圖與社會批判的企圖並不能被分開評價。在社會結構的理性分析之外，感覺、感情、情緒等等軟性的部分，往往是現代主義小說才更能精確的傳述。巫永福〈愛睏的春杏〉與翁鬧〈戇伯〉恰恰能夠提醒研究者，普羅文學也可以是具有人味的一種文學。〔註12〕

## 二、從意識形態、感覺結構到情動力

　　如前所述，比起社會結構的分析，本文想探究的是文學中所捕捉的無產者與勞動階級的感覺與情緒，藉此重新定義台灣文學史上對普羅文學的理

〔註10〕垂水千惠，〈台灣新文學における日本プロレタリア文學理論の受容：芸術大眾化から社會主義リアリズムへ〉，《橫濱國立大學留學生センター紀要》12卷（2005年3月），頁91～110；趙勳達，〈反教條主義的旗手──楊逵對台灣普羅文學的反思〉，頁162～201

〔註11〕趙勳達，〈普羅文學的美學實驗：以巫永福〈昏昏欲睡的春杏〉與藍紅綠〈邁向紳士之道〉爲中心〉，收於靜宜大學台灣文學系編，《巫永福文學創作國際學術研討會論文集》（台北：巫永福文化基金會，2012），頁324～358。

〔註12〕兩篇文本出處爲：巫永福，〈眠い春杏〉，《巫永福全集》第11卷日文小說卷（台北：傳神福音，1995，頁191～212）；翁鬧，〈戇爺さん〉，《臺灣文藝》2卷7號（1935年7月），1～22。本文引用中文出自謝惠貞與黃毓婷譯文。巫永福，謝惠貞譯，〈愛睏的春杏〉，《文學臺灣》64期（2007年10月），頁80～91；翁鬧，黃毓婷譯，〈戇伯〉，《破曉集》（台北：如果出版，2013），頁142～173。

解。如果說殖民地台灣的普羅文學不應以教條式的意識形態爲基準來定義，筆者嘗試從情動力（affect）研究的角度來重新思考普羅文學。事實上，馬克思主義理論家與研究者中，不乏對於感覺與情緒的探討。如英國馬克思主義文化批評家雷蒙・威廉斯（Raymond Williams）所提出的「感覺結構」就提議將感覺視爲一種思想的表現，而不是思想的對立。又如柏蘭特（Lauren Berlant）以馬克思主義取逕來探討情動力作爲一種「歷史當下」最具有形體、最物質（material）的表現。我採取這個方法，嘗試從翁鬧與巫永福小說的情動力結構，而不是意識形態，來重新探討何謂普羅文學。

在馬克思主義對社會結構最基礎的理解中，上層建築包含意識形態、政治思想、法律、道德、藝術、宗教、哲學、社會科學等，下層建築指的是社會、經濟層面的生產關係。文學是上層建築的一部分，也因此是社會意識形態的一部分。要分析文學，則應該分析文學作品與所處社會意識形態的關係。英國馬克思主義理論家泰瑞・伊格頓（Terry Eagleton）認爲，只要文學作品具備透視意識形態的洞察力，究竟作者在政治上傳達的是進步還是保守，並不重要（註13）。再者，伊格頓申明，馬克思主義文學批評不能機械性地套用文本、意識形態再到社會與生產關係的公式，而是要同時考量作者所處的社會位置、作者的意識形態、文學技巧與形式、文本產生的社會條件等因素的獨特結合（註14）。文學並非只是被動而機械性地將社會與經濟結構錄製下來。法國馬克思主義批評家馬歇雷（Pierre Macherey）認爲，如果要將文學比喻爲鏡子，那就像是用破碎的鏡子、從特定角度去映照現實，無論是反映出的或是沒反映出的，都具有表現力。文本並不是統一、自足的整體，文本的沉默、缺席與縫隙，亦彰顯出意識形態的存在（註15）。這可以讓我們再思考對普羅文學的理解。就伊格頓所言，好的文學並不反映或宣揚特定意識型態，而是洞察特定階級的意識形態；就馬歇雷所言，文學作品顯性與隱性的部分都需被重視，就算人物並未高喊階級鬥爭的口號，小說中的沉默、空白與噤聲也未必就沒有意義。

英國馬克思主義文化批評家雷蒙・威廉斯（Raymond Williams）進一步建議，與其將文學與藝術視爲眞實生活的「反映」（reflection），不如視爲一種「媒介的過程」（mediation）。文學與藝術並不是將經驗化約爲靜止的模型，

---

〔註13〕 Terry Eagleton, *Marxism and literary criticism*, pp. 7～8.
〔註14〕 Ibid, pp. 8～15.
〔註15〕 Ibid, pp. 45～46.

而是將經驗捕捉進一組具有特殊質地與傾向的動態關係中〔註16〕。威廉思以「感覺結構」（structures of feeling）來形容這種不同於意識形態、不能被化約成系統性的信念、體制位置或任何明確社會關係的經驗表現。如果馬克思主義唯物論主張社會的制度、組織、定位總是已被固定成型，「感覺結構」則是個人對於社會結構的一種對應方式，表現在人的想像、心理、無意識與夢當中，如胚胎般無法被明確完整地表述。「感覺結構」不是抽離歷史脈絡的普遍心理分析，而是鑲嵌於個人所處的社會與物質條件當中，一種在特定時空、地域與文化中活生生的經驗、思考與感受。在社會關係分析中被簡化的感受性，可以在文學與藝術表現出的「感覺結構」中重新被找到〔註17〕。這種「感覺結構」往往能夠最敏銳也最幽微地去回應社會結構的變遷。它「不是思想與感覺的對立，而是感覺作為一種思想」〔註18〕。意即，「感覺結構」不是純智性的思辯，也不是純感性的感受，而指設一種思想與感覺的不可分割。從這個角度來思考普羅文學，文學的作用就不會僅僅是智性的社會分析或啟蒙性地輸入階級意識，也是細緻地去捕捉、去傳達人身處在特定階級位置中時那種特殊的情感與感覺。

　　如果說普羅文學的理想是能夠表達特定階級人物的意識形態與感覺結構，進而喚起讀者的共感，達到階級意識的覺醒，那麼文學作品是如何傳達其「情動力」，便成了值得探究的課題。法國思想家德勒茲（Gilles Deleuze）與瓜達里（Félix Guattari）認為文學與藝術蘊含著一種情動力，能夠透過物質性的媒介（文字、畫布、顏料、旋律與節奏等）傳遞「情感的團塊」（a bloc of sensation），而閱聽者感受藝術的過程就如同與之共振（vibration）一般。創作者憑藉的不是過去的一段記憶或經驗，往往是透過一個主動的擬造，讓閱聽者的所處當下得以「蛻變」（becoming）成某種狀態。而閱聽者之所以能感到共振，需要有物質性的媒介來作為中介。語言的技藝，即是一種重要的情動力媒介。而小說家之成就，在於透過小說中的角色之蛻變，去揭露、發現、發明那仍未知或未被識別的情動力〔註19〕。

---

〔註16〕 Raymond Williams, *Marxism and Literature* (Oxford: Oxford University press, 1977), pp.96～99.
〔註17〕 Ibid, pp.128～135.
〔註18〕 Ibid, pp.132.
〔註19〕 Gilles Deleuze and Félix Guattari, *What is philosophy?*, trans. Hugh Tomlinson and Graham Burchell (New York: Columbia University Press, 1994), pp. 166～168, 174～175.

以美國學者柏蘭特（Lauren Berlant）的話來說，情動力即是將特定歷史時刻的當下感受透過美學的方式傳遞、接駁到讀者的所處時空。柏蘭特進一步討論，小說的情動力能夠傳達出特定歷史時刻的「時間感」。有一種時間感，柏蘭特稱之為「困局」（impasse），指涉一種無未來性、綿長而無盡的「當下」（the present）。那是種危機遍佈、生活卻仍需繼續的日常。例如經歷災變、浩劫餘生的社群、以及過一天算一天、掙扎求生的無產階級。在旁人認為難以承受的危機感與巨大壓力下，仍持續尋找生存之法，或讓生活持續下去的可能。「即使是那些你認為已被擊倒的群體，他們仍是活生生的人，思考著如何從生活中尋找歸屬、至少去保衛他們所能僅有的樂觀。」儘管這可能是一種殘酷的樂觀，因為對「好的生活」的想像以及它的不可迄及，不斷驅使人們在「困局」中來回掙扎。〔註20〕柏蘭特的觀點提供一個角度，去思考一個不是僅以未來為導向的普羅文學。從這個角度來看，巫永福〈愛睏的春杏〉與翁鬧〈戇伯〉恰能引導我們思考：勞動者並不總是處在一個未完成的革命中，而經常是在仿佛沒有出口的困局中蹣跚徘徊、試圖生存。當文學作品能夠有力地傳達這樣的情感狀態，並且去正視、把握勞動者在這樣的狀態下仍保有的生存本能與細緻人性，我認為它們應被納入台灣普羅文學的範圍。。

## 三、巫永福〈愛睏的春杏〉

〈愛睏的春杏〉是巫永福以日文發表的小說中，少數以現代主義手法描寫的作品，刻畫的是一位台灣童養媳在睡眠被剝奪狀態下的勞動。十一歲的女孩春杏來自貧困凋敝的漁村，漁夫父親因病而死，母親出外幫傭支持家計。為了治療患病的弟弟，春杏被賣到鄰近的富裕人家，然而重金買來的藥並不見效，弟弟死去後母親因此鬱病在床。春杏在新主人家中必須負責所有的家事勞動、照顧四個孩子。在春杏每日不到五小時的睡眠時間裡，需不時起床照顧嬰兒。除了耗盡心力地支撐一個傳統大家庭的生活細節，春杏還需忍受男女主人施加的肢體虐待以及性暴力。某一夜，春杏撐著身體完成了一天份的勞務，等待出門看戲的女主人回家時，終於無法抵禦襲來的睡意，倒在嬰兒的身上沉沉睡去，悶死了嬰兒，連主人的打罵也沒辦法將她喚醒。

在巫永福的描寫中，春杏的睡意是漆黑而洶湧的海浪，一波一波侵蝕著

---

〔註20〕Lauren Berlant, *Cruel Optimism* (Durham, N.C. : Duke University Press, 2011), 10, 66～67.

她的意識，將春杏的知覺帶往過去悲慘的家庭記憶、死亡的威脅，與對生活之殘酷的恐懼。小說的開頭非常到位地刻畫出春杏身心俱疲而無法保持清醒的勞動狀態：

> 春杏邊洗著盤子，邊想著在廚房陰暗的各個角落裡，漆黑的海水正發出滋音令人毛骨悚然地洶湧起伏打著旋。一邊感覺到從天花板垂吊下來的燈發出偏黃的光好似閃著紫色似地忽明忽滅；一邊在心中懸想自己所處的地面從兩端畫圓弧似的捲曲而起，自己則快要頭下腳上的翻一圈了吧！真的像要團團轉了一樣。春杏覺得腳輕飄飄的浮到空中。手便鬆了，拿著的盤子從手裡滑落。接著碎片飛散。帶有金屬質地的盤子摔破的聲音尖銳地響徹神經，恐懼的針穿刺了腦髓。春杏嚇了一跳瞪大了眼睛。春杏將愛睏的眼睛像受了驚嚇般地張開，將恐懼的眼神投向散落在腳邊的盤子的碎片上。〔註21〕

巫永福將這種過度勞動而產生異變的感受，表現為暈眩而扭曲的空間感知以及主體的意識不穩定。研究者傾向將這樣的文學表現定位在日本現代主義「意識流」技法的系譜〔註22〕。一般而言，「意識流」是一種大量使用內心獨白，讓意識、潛意識、夢境和現實交錯的寫作手法，也是現代主義文學的代表性技法。〈愛睏的春杏〉在手法和題材上，確實令人聯想到日本新感覺派文學的筆法，如橫光利一在〈機械〉中，描繪門牌工廠工人每天身處於化學藥劑與毒物污染的環境中，腦部、視力產生異變的心理獨白。不過，我認為巫永福採取與一般認知的「意識流」技法不同的取逕：他並不表現主觀角度的心理獨白，而強調主觀角度的被剝奪；他不刻畫主體的意識流動，而著重身體本能的感受性。

　　如果說「意識流」表現的是經由主體的意識自主流動，創造出時空的跳躍、與客觀現實的斷裂、經驗的片段化以及瑣碎化等等效果，〈愛睏的春杏〉表現的卻是主體的意識無法自主流動，不斷被生理性的睡意篡奪掌控權的狀態。小說並非採用第一人稱主觀角度開展的心理獨白。小說中每當描述到春

---

〔註21〕巫永福，謝惠貞譯，〈愛睏的春杏〉，頁80。

〔註22〕例如謝惠貞認為〈愛睏的春杏〉標示了巫永福「從寫實主義到意識的發現」，將〈愛睏的春杏〉中睡意與海浪的時間呈現類比為日本新心理主義中「意識流」的寫作手法。謝惠貞，〈日本統治期台灣文化人による新感覺派の受容橫光利一と楊逵・巫永福・翁鬧・劉吶鷗〉（東京：東京大學大學院人文社會系研究科博士論文，2012），頁45～56。

杏的心理狀態，經常是透過全知觀點的敘述者說明，而非來自春杏本人的主觀意識。春杏一旦開始有意識，立刻就會被睡意侵襲。她的知覺因疲憊而麻木，只有在打破盤子的尖銳的聲響刺激，以及伴隨聲響而來害怕被責罰的強烈恐懼之下，才能警醒過來繼續勞動。事實上，此處描述的主體，並不是一個擁有自由的意識能夠任意流動的主體，而是身體與精神都處於分崩離析邊緣、被剝削的勞動者主體。

　　勞動的維持，必須仰賴銘刻於身體的規訓中本能的驚嚇反應。這樣的勞動狀態，令人聯想到馬克思曾討論工人如何在勞動中被剝奪了所有的五官感覺，只能憑依野獸般的本能存活。根據豪威斯（David Howes）的研究，馬克思曾分析工業資本主義社會造成一種感覺的剝奪（sensory deprivation）。馬克思認為視覺、聽覺、嗅覺、觸覺等五感的塑型，也是一種勞動的結果。除了極少數的資產階級能享有精緻的感官陶冶，社會底層的人們為了對抗低下的生活與勞動條件，只能憑藉野獸般的直感活著。在《政治經濟學批判》中，馬克思形容工人是生活在「文明的下水道」，在高溫、煤煙、噪音與永無止盡的機械運轉當中，畸形地喪失了所有感覺，所有發展感官陶冶的可能都被扼殺，除了吃以外再也不知道任何需求〔註23〕。在〈愛睏的春杏〉中，長時間的睡眠剝奪則是扼殺了春杏發展自我「意識」的可能，使春杏除了睡以外再也不知道任何需求。當巫永福描繪春杏無法維持清醒的意識時，便清楚揭露出感知與思考的能力其實是需要條件的。儘管殖民地台灣並非馬克思所分析的工業資本主義社會，巫永福仍發覺到根植於台灣的傳統社會與家庭結構中，對於女性、對於童工那種極致剝削的勞動狀態。階級壓迫的結構以及對勞動者的剝削，並不是只存在工廠、漁船以及都會地帶，而存在人們最熟悉的家庭空間以及日常生活的細節當中。尤其是對出身傳統世家家族或地主家庭的知識份子而言，家庭內部的勞務現場或許正是離他們最接近的階級壓迫現場。

　　如果說「正確」的普羅文學意圖為勞動者植入一種對於自身所處階級結構有著明晰意識的「知性」，〈愛睏的春杏〉描繪的則是這種「知性」的條件與可能性被剝奪的情境：

　　　〔春杏〕一想到會被罵，就採取絕對不會被罵的行動，那是接近奴

[註23] David Howes, *Sensual Relations: Engaging the Senses in Culture and Social Theory* (MI: University of Michigan Press, 2003), pp. 204〜235.

　　　　隸的義務觀和依據動物感官的行動，春杏只是動、勞動、行動。與
　　　　其說是依據意識，不如說是依據潛在本能。失去知性而扭曲的春杏
　　　　的心靈只是一逕感情作用地想著要跟隨、迎合主人。〔註24〕

這個段落的寫法，似乎是將春杏的主體性解消至奴隸或動物的狀態，但我認
爲巫永福此處的企圖，本就不在於塑造一個能夠思考、依據知性行動的主體
〔註25〕，而是描寫這種勞動狀態：當生活的條件不足以支持一個勞動者主體
「知性」的發展，而直覺性的「動物感官」與「感情作用」成爲生存的唯一
方式。事實上，比起「知性」、「理性」地去分析階級結構，透過文學去描寫
或是閱讀上述這種「直覺性」、「感官性」的狀態，恰恰正是去貼近與感受歷
史當下情境的一種最活生生的、最「唯物」的方式。用柏蘭特的話來說，「在
這種關於當下情境的歷史敘述當中，有一種從『知』到『未定直覺』的轉移，
讓我們得以思考：身處於歷史是一件具有稠密的身體性、由經驗去感受的事
情。它所要求的那種生存本領，並不在瞬息之間繪製出整個世界，而是繪製
出一種方式去思考歷史如何成爲具有感受性的認識論，它將特定歷史時刻的
氛圍（美學性地）在時間中懸盪。」〔註26〕換言之，「知性」地去呈現歷史
情境，或許能夠快速地勾勒出社會關係與社會結構。然而，這種對歷史的認
識，卻不見得能夠捕捉住歷史當下情境的氛圍。在特定歷史情境下，主體賴
以生存的「直覺」、「身體性」與「感受性」，往往才是能夠美學性地捕捉、「在
時間中懸盪」的經驗。

　　從這個觀點出發，我們可以說〈愛睏的春杏〉作爲台灣普羅文學的價值
所在，並不在傳達知性的馬克思主義階級觀以及世界觀，而是在於它將勞動
者的身體經驗，透過美學性的方式傳遞成一種情動力。巫永福以海洋的意象
來打造這個情動力。在小說中，他首先用波浪刻畫出睡意湧現所帶來時空不
穩定的搖搖欲墜感。接著，海洋象徵了光照不到的地方，是家屋這個勞動場
所給予春杏的恐懼感。漸漸地，海浪帶出了春杏的創傷記憶。在半夢半醒的
狀態下，春杏看見黑暗的海水裡旋轉著的片片斷斷的畫面，那是貧困漁家生
活的嚴酷、春杏父母貧病慘死的身影、以及在主人家中受虐的場景。小說結

---

〔註24〕巫永福，謝惠貞譯，〈愛睏的春杏〉，頁88。
〔註25〕謝惠貞認爲春杏悶死小姐的結局，表示春杏在無意識中解消了「奴隸的義務
　　　　觀念」回復了底層階級的主體性。謝惠貞，〈日本統治期台灣文化人による新
　　　　感覺派の受容橫光利一と楊逵・巫永福・翁鬧・劉吶鷗〉，51～56。
〔註26〕引號爲筆者所強調。Lauren Berlant, *Cruel Optimism*, p.66.

尾，春杏被黑色海洋般的睡意給淹沒，感到腦袋融化，神經與關節崩解，彷彿深深沉入海中，帶出因爲過度勞動以致認知崩壞的異感。貫串全文的海的意象，層層堆疊出春杏作爲一個勞動者主體崩壞的過程。

在這個勞動者主體的崩壞過程中，海洋與波浪代表了一種非規範性的時間感的具象化〔註27〕。整篇小說時間感的進行，首先是大廳的鐘響所標示出規範性的勞動時間。大廳的鐘每個整點敲出悠悠長長的鐘響，提醒著春杏完成勞務工作的時間壓力。對春杏而言，「這個世界上的時間和分分秒秒是嚙蝕春杏肉體與神經的東西。是強加人嚴峻的隱忍服從和勞動以及艱苦的東西」〔註28〕。而如潮水般不斷復返的睡意、恐懼感與創傷記憶，則是春杏動物性生存本能的時間。這個直覺性、本能性的時間，相對於約束性、壓榨式的勞動時間，是一種必要的釋放與修復的力量。整篇小說描寫的，即是這個異質時間如何不斷擾亂春杏已被規範化的勞動節奏。

如果〈愛睏的春杏〉表現出了一種勞動時間與身體本能時間的衝突與競爭，小說的結尾則描繪出身體本能的時間終於戰勝了勞動時間。當大廳的時鐘敲響了晚上十一點的鐘聲，春杏一邊哄嬰兒等待主人歸來的時候：

> 「搖——搖啊、搖——」春杏像被催眠一樣，游向漆黑漆黑的海洋。
>
> 春杏感到自己的腦袋趨向油的樣態，平展開來。覺得腦袋分裂成三個、四個逐漸變成平面物體。神經漸漸崩壞，手腳也四散而去。像極富柔軟度的水母一樣，覺得關節漸漸消失。覺得黑色的巨浪把自己擄走。也無法抗拒地，被麻痺的意識，被無數的黑線拉扯而下沉。
>
> 像萬有引力硬拽一樣，睡意壓倒性的將春杏的腦袋和手拖走。〔註29〕

此處描繪的是一個勞動者主體的崩解，但也是本能性的睡意凌駕了規範性的勞動時間，讓主體能夠脫離強制勞動的狀態，進入身體與生俱來的修復狀態。此處的海洋是柔軟的夢鄉、也是勞動者終於能夠休息的家鄉。來自漁村的春

---

〔註27〕 關於規範性的時間以及異質的時間，可參考法國哲學家克莉斯蒂娃（Julia Kristeva）所論的「線性時間」與「循環時間」。Julia Kristeva, "Women's time," Signs no, 7 (1981), pp. 13～35.謝惠貞亦指出〈愛睏的春杏〉中刻畫了兩種時間，被睡意與海浪左右的是春杏內面的心理時間，大廳時鐘則是現實世界的物理時間。謝惠貞，〈日本統治期台湾文化人による新感覚派の受容横光利一と楊逵・巫永福・翁鬧・劉吶鷗〉（東京：東京大学大学院人文社会系研究科博士論文，2012），頁45～56。

〔註28〕 巫永福，謝惠貞譯，〈愛睏的春杏〉，頁83。

〔註29〕 巫永福，謝惠貞譯，〈愛睏的春杏〉，頁88～89。

杏，腦漿變得如同海中的泥，而身體變得如無筋無骨的海洋生物，被來自大地深處的萬有引力牽引而去。這也是爲什麼春杏最後在主人的辱罵聲中笑了出來，懷著「輕鬆自由的心情睡去」。

在這篇小說中，原始性的睡意、身體感覺、海洋與萬有引力標示出的一種異質的、難以量化的時間性，與鐘錶刻度的時間性是同時並存且相互拉扯的。這種混合的時間性，用左派理論家哈若圖寧的話來說，是一種「不同時代之同時性」，意指不同的時間觀、時間體制、以及在不同時間體制下的生產模式，在同一時空下相互依屬、卻也相互衝突。他指出，這種混雜時間的不均値，實是資本主義現代化得以成立的條件，因爲資本要流動，必須把它所面對的不同形式的社會結構、以及不同型態的歷史，都吸納進成同一個「發展」的模型，並主張將所有類型的社會「提升」至相同水平。時間因此有了一個均値的表象，而內部則是充滿異質。哈若圖寧接著提議一種不同的敘事模式，去反轉這種貌似均値的、「強化了時鐘與月曆時間的外在性」的文化敘事，去「揭露混雜時間性表面上被撫平、拉直但其實詭異的織理。」〔註30〕〈愛睏的春杏〉恰是描繪了這種相互傾軋的時間衝突。大廳的鐘響代表現代化而規範性的勞動時間，是一匹同質性的時間外衣。而睡意之海潮不規律的節奏、時而輕擾時而壓倒性地推擠，揭露的正是同質性時間外衣內部的不均質。巫永福的這篇小說，根植於台灣傳統家庭最內部最基層的勞動結構，以海水意象建構出具有身體性與情動力的勞動經驗，從勞動主體的崩壞與修復過程刻畫出強制勞動時間與身體本能時間的並存與相衝，可說是一篇同時具有深度與力度的普羅小說。

## 四、翁鬧〈戇伯〉

〈戇伯〉這篇小說描述一位貧病老農不得已棄農去當商店夥計，最後又被遣散回農地的故事。翁鬧以〈天亮前的愛情故事〉（夜明け前の恋物語）中男性的情慾告白，樹立了他在台灣文學史的地位。然而，〈戇伯〉這篇以農村爲題材的作品，卻遭致他的同時代作家乃至後世研究者的批評，〔註31〕。事

〔註30〕哈若圖寧（Harry Harootunian），謝樹寬譯，〈追憶歷史當前時刻〉收於陳春燕、劉紀蕙主編，《歷史的記憶與日常：資本主義與東亞批判研究・哈若圖寧選集》（新竹市：國立交通大學，2017），頁116。

〔註31〕如朱惠足延續賴明宏等日治時期文人對翁鬧的評價，認爲他「以日本殖民統治下台灣農民的貧困生活爲題材，卻缺乏強烈的左翼階級意識」。〈戇伯〉「只

實上，典型普羅文學重視階級分析，如日本普羅文學中德永直《沒有太陽的街道》、楊逵〈送報伕〉等皆刻意描繪出不平衡的勞資關係，這種將社會結構性缺陷置於前景的做法，在翁鬧筆下有相當清楚的呈現。

〈戇伯〉這篇小說，透過戇伯一家的遭遇，全面剖析殖民地農村產業結構的改變與民俗文化的式微。首先，戇伯瞎眼的父親過世後，一家人回到老家。隨著政策鼓勵以及罐頭工廠等食品加工業的進駐，戇伯改種熱帶經濟作物香蕉與鳳梨。雖然戇伯種的香蕉曾得過政府獎賞，然而小本農家進入市場經濟的風險極高，農產品價格無法維持穩定，戇伯血本無歸。農作物無法維生的情況下，零養的豬隻成為農家重要的經濟補貼來源，也因此在戇伯家裡豬吃的伙食甚至比人還要好。戇伯到山上野地裡去找尋柴薪等生活所需物資，但山林地都被政府劃分為保安林，戇伯只能向石垣等畸零地蒐集乾草。

再者，戇伯和家人的生活貧病交迫，唯一健壯的勞力只有戇伯的弟媳阿足。她嫁進門一周，就到磚廠當女工掙錢，由於工時太長，與家人作息錯開，戇伯與她竟然沒有說過話。戇伯之弟賣世載貨受傷，只能在田裡隨意抓取雜草敷傷以致惡化。戇伯一家人雖身患嚴重的砂眼與瘧疾，卻連看非法密醫的金錢都需存個一年半載，還被領有正牌執照的醫師輕賤瞧不起。戇伯以六十五歲高齡，到街上商店求了一份夥計工作。然而連城鎮也日漸蕭條，必須依靠建造土地公廟與酬神活動來凝聚人群活力。

最後，戇伯年幼時經常有野台戲上演，是父輩述說祖先的故事、小孩享受零食與玩樂的美好時光，但這樣的時光到現在已難能得見。戇伯在節慶的日子裡也是滴酒不沾，一方面是無錢可買酒，一方面則是受了英國基督教傳教士宣導禁酒的感召。鎮上持續地不景氣，戇伯在過年前終於被打零工的商店遣散了。過了年，戇伯和許多村民一樣大年初二就到田裡去工作。除了保正那一家大戶外，這個年在每個村民看來都是一樣寒傖。

從上述故事可知，〈戇伯〉至少關照到以下五個面向。第一，在日本殖民政府的產業政策下，推行經濟作物取代糧食作物，而將小作農殘酷地捲入資本主義市場經濟的激烈競爭。第二、山林地被劃為政府的資產，以往農民可

---

提到戇伯仔一家與其他村人陷入生活經濟困境，是因為不景氣的影響，完全沒有提及殖民統治下的社會、經濟背景，更別說是控訴殖民地經濟問題與壓迫」，因此不符左翼的文學標準。朱惠足，〈「現代」與「原初」之異質交混：翁鬧小說的現代主義演繹〉，《台灣文學學報》第 15 期（2009 年 12 月），頁29。

以自由取用的自然林地資源被緊縮。第三、農業無以爲繼，農民只得前往新興的工廠打工，工時甚長，勞動條件一樣不佳。第四、殖民政府所誇耀的現代衛生與醫療資源，並未普及到農民的日常生活，農民代代受砂眼這樣的傳染病所苦。第五、作爲台灣農村精神撫慰、先祖文化傳承的民俗娛樂，已在轉型現代社會的變遷與外國的文化勢力的影響下日漸凋零。這些社會問題點點滴滴貫穿全篇小說，顯示翁鬧以左翼角度拆解殖民地經濟結構性缺陷，以及勾勒現代化影響下農村變遷的企圖，確實直指核心且面面俱到。其中透露的批判性，與前述德永直、楊逵等普羅文學的社會分析相較也並不遜色。

在社會結構的分析以外，〈戇伯〉特別精彩的部分在於描寫農村小人物的心理感受。典型的日本普羅文學，如小林多喜二《蟹工船》、德永直《沒有太陽的街道》等經典，並不聚焦特定人物的整體心理變化，而是速記式地描繪不同背景與面貌的普羅大眾，勾勒出無產者的整體群像以及階級意識的萌芽。翁鬧〈戇伯〉則是透過一個農村中的特定人物，去勾勒殖民地台灣農村勞動者一種普遍的心理困境：因過度勞動而異化的感受。小說主角戇伯是一位難以去表現各種思想轉折、近乎無語的老伯伯，背負著生活的無奈與病體的艱難，只是樸實地謀求一絲生存的希望。翁鬧這篇小說之所以特別動人，不在於剛直地描寫外在壓迫結構與勞動者之悲苦，而是在於軟性地呈現社會變遷與生存的壓力如何一絲一毫地滲透進勞動者的生活，以及那即使壓迫仍要在日復一日的生活中去承擔、即使懷著冀望卻仍因最小的一份冀望而悲苦，那種雜揉的情緒與情境。

在翁鬧筆下，農村的生活處在一種非線性、沒有未來性的時間中。過去與未來似乎都被吸納進一個毫無變化、永無止境的「現在」。戇伯的時間感是「塊狀」的：

> 在這裡，彷彿是要讓每天的日子結束得早些，漫長的歲月結成一塊、渾渾噩噩的前行。過往看起來就像一片沈悶的鉛色曠野。
>
> 戇伯從來沒數過日子。雖然在他身上也有過許許多多的事發生了又結束、發生了又結束，然而漸漸地，日子從清早孤伶伶地出門之後就不再發生任何令他歡喜雀躍的事情，黑色的天幕便又籠罩了下來。〔註32〕

而過度勞動的村民，如同〈愛睏的春杏〉中過度勞動的女童，被剝奪了感受

---

〔註32〕 翁鬧，黃毓婷譯，〈戇伯〉，頁145。

性，只能憑藉動物般的反射性生存本能繼續動作。小說如此描述鎮上的一位攤商：

> 瓦斯燈的陰影下，一個和尚頭又著手臂打瞌睡。他感覺到有人的動
> 靜，手臂自動伸直去取盤子和湯勺，那樣子像被拔去了魂魄，只是
> 依照慣性動作似的。為了不淪落成乞丐，窮人在夜裡也不得不驅策
> 麻痺的神經工作。日以繼夜的勞動，以及為了讓妻兒活下去的精神
> 疲勞，使這個可憐的和尚頭患了癡呆症。

此處描寫的是，農村中被資本主義現代化的社會變遷排擠到最邊緣的群體，幾乎不可能去維持一種以未來為導向的自主意識，只能因為生存而麻木地、重複性地勞動。戇伯那種「塊狀」的時間感，如果用柏蘭特的觀點來看，正是一種無過去可把握、無未來可期待，彷彿處在永無止境當下的「困局」。這種「困局」的時間感，並不指向一個有確切指望的、大破大立的變革，看似非常沒有普羅文學的革命性。然而，無產者在困局當中，仍是憑藉著身體本能的「慣性動作」，去謀求每日的溫飽。如果以一種未來導向的觀點來看，翁鬧描繪的是無產者困於現狀的可悲面容。但如果不要以一種「更好的未來」的後設準繩去衡量這些小人物，而回到一個活生生的歷史現場，我們可以說翁鬧這篇小說試圖去捕捉的是無產者在絕望的現狀中仍有一種生命力，表現在農村人物設法生存的姿態，也表現在他們幽微的感情與情緒。

〈戇伯〉這篇小說的企圖不只在於控訴農村勞動者被剝奪的未來，而將勞動者扁平化為只是困苦與憤怒的化身。翁鬧進一步深描，儘管勞動者身處這種前不見光後不見路的碰壁狀態，他們在歷史當下時刻細緻的情感轉折，並沒有被泯滅。〈戇伯〉特殊的地方即在於描寫一位農村勞動者對於「親密感」的渴求。〈戇伯〉中有許多細節突顯出一個農村家庭的缺乏親密感。例如戇伯的弟媳嫁入他們家，一夜歡夢後，就如同工具般開始面無表情地勤奮勞動。夫妻兩人的互動卻與陌生人無異，只是因為生存的需要而結合。

小說中因勞動而麻木、無親密感的描寫，表達的即是馬克思主義所稱的「異化」（alienation）。雷蒙・威廉斯指出，異化同時具有生命財產的「剝奪」以及情感的「疏離」兩種面向。異化先是被視為一種文明的代價，是人在文明發展過程中與原初本性的疏離，在佛洛伊德的學說中又指人與原慾（libido）的疏離。對馬克思而言，異化則是勞動歷史發展的結果。私有財產制、資本主義生產模式以及勞力分工之下的激烈競爭，工人的生產成果、勞動參與感

和人與人之間的親密感被剝奪。以人的力量所打造的產品、社會卻反過來宰制了人們，使人與所處世界產生疏離。這種人的身體被物化的過程，也帶來了心理的無力、孤寂乃至失序〔註33〕。

法國社會學家易洛斯進一步指出，資本主義現代社會的建構，包含一種情感文化的建構。資本主義現代化所帶來的社會變遷，除了經濟、階級、城鄉結構的改變，伴隨而生的「情緒」也是重要的研究領域。異化除了是馬克思所說人與物（生產成果）失去了連結，也是人與其社群產生疏離感的表現。城市中無盡流動而無附著根基的精神刺激，衝擊了鄉村或小城鎮那種以緊密、穩固的情感關係為基礎的生活方式。這種種情緒，並非抽象或不含社會實質的，而是根植於社會關係當中。雖然情緒不是行為或行動，但情緒是驅動行為與行動的內在力量。情緒總是緊扣住文化脈絡中自我與他人的關係。透過情緒，人們得以去定義社會以及文化規範，而且這些規範表現在實際且立即的人際關係中。例如羞恥的感受與憤怒的表達，往往能夠立即地界定社會關係與結構。〔註34〕

這種社會變遷下農村小人物的情緒，正是翁鬧嘗試在〈戇伯〉中捕捉的。在小說的一開始，戇伯就在「想心事」，關於算命仙說他的生命將盡，而他至死都將無妻。作為一位農村勞動者的戇伯並不懂得表達他的情緒。當旁人勸他找個女人或說些關於男女之事的下流話，戇伯總是傻笑的不置一詞，更突顯出對原慾的壓抑。戇伯的原慾與其說是性慾，不如說是對人與人之間親密感的需求。他的情緒往往是透過身體的痛楚來傳達。砂眼的痛，是當他感受到沒有妻子的孤寂、以及死亡可能隨時造訪的威脅時，總會來襲的感覺。身為無產者的他，只能透過砂眼若有似無的痛楚，來向讀者傳達那無以名狀的情動力。〈戇伯〉以象徵手法喻託了無產者的感覺結構裡，疾病與被壓抑的原慾、以及如影隨形的死亡威脅相連，在過度勞動的麻木狀態下仍像針刺般明晰卻又無可言說的痛楚。

在小說中戇伯有好幾次感覺到砂眼的痛。第一次是在商店裡的同事「獨眼龍」說服他去上娼寮。從來沒有碰觸過女人的戇伯，被娼妓們和其他嫖客嘲笑，最後完全沒有與任何人交談便離開了。這是小說中特別哀傷的一段描

---

〔註33〕雷蒙‧威廉斯（Raymond Williams）著，劉建基譯，《關鍵詞：文化與社會的詞彙》（台北：巨流，2003），頁5～8。

〔註34〕Eva Illouz, *Cold intimacies: the making of emotional capitalism* (Cambridge, U.K. ; Malden, Mass. : Polity Press, 2007), pp.1～3.

寫：

> 這天晚上的酒客大多是陌生的外地人，戇伯只見到一個面熟的，他
> 是街上很有勢力的醫師、同時也是個基督教徒的黃茂仁。黃茂仁一
> 見到戇伯就皺起眉頭，到別的房間去了。
>
> 戇伯瑟縮著，不敢抬頭。娼妓見到他糜爛的眼睛和赤腳，紛紛像小
> 雞一樣縮著身子，離得遠遠的。給戇伯倒酒的娼妓一邊給獨眼龍使
> 眼色，又是歪頭又是噘嘴的，拿戇伯開玩笑。
>
> 戇伯孤孤單單地一個人坐著。
>
> 娼妓說有事要問，就牽起獨眼龍的手走開了。
>
> 戇伯等了很久仍不見獨眼龍回來，覺得坐在那裡十分羞赧，於是站
> 起身來繞著室內走走。透過塵積的窗玻璃，只看得到派出所簷下的
> 紅燈在夜色裡朦朧地亮著，戇伯把那扇緊閉的窗戶打開，望了出去。
> 紅磚房子錯落、有些骯髒的鄉間市街正在睡夢當中，和市街所在相
> 反的方角則是一片漆黑。走進那片漆黑、跨越鐵軌，在穿過天主教
> 會堂的林蔭道，就能到這阡陌邊戇伯破落的家。
>
> 當戇伯意識到自己已經損失了幾個鐘頭的睡眠時間，似有若無的痛
> 楚突然襲上他的眼瞼，令戇伯看見了自己與此地格格不入的處境。

〔註35〕

翁鬧相當清楚地描繪出情緒如何在一瞬間彰顯出社會關係。基督徒醫師鄙
夷的皺眉、娼妓們的嘲笑、以及戇伯畏縮的姿態，表現出階級高低的層層
結構。接著，戇伯往娼寮窗外望出時的景象，是從象徵權威的警察局紅燈、
一般中產階級居住的紅磚房市街、鐵軌的路線以及天主堂的庇蔭之外一片
漆黑中的農村、到農村中一個破敗的農戶。一路向外，將整個城鄉空間結
構中政治、經濟的中心與邊陲勾勒出來，烘托出戇伯正處在這個村鎮階級
結構的最底層。而這一段落中最令人不忍的，則是一個人對於親密感的基
本需求，仍受到社會階級結構的宰制。戇伯只能以為數不多的金錢，以及
勞動者珍貴的睡眠時間，到娼寮去換取一夜或是幾個時辰的親密感。然而
在這個底層之人唯一可以尋求溫暖的地方，仍有比戇伯更具優勢的醫生、
商店小開等其他嫖客將戇伯排擠到最邊緣。砂眼的痛便將那種深刻的孤獨

---

〔註35〕翁鬧，黃毓婷譯，〈戇伯〉，頁160。

與剝奪感無言地延長。

　　翁鬧一方面透過砂眼的痛楚來傳達戇伯的孤獨感，一方面透過滑稽的打油詩來借喻戇伯的苦悶。小説開頭作為小引的一首笑謔的打油詩，可説是概括了戇伯晚年的人生：生命將盡，仍沒有伴侶，想討老婆也沒錢。

　　　　唐山的算命仙

　　　　説我活到六十五

　　　　就要草葉底下埋。

　　　　〔……〕

　　　　可憐你

　　　　直到埋在草葉下還是娶無老婆哦。

　　　　唐山的算命仙又説

　　　　再付兩塊錢的話

　　　　我教你一個辦法。

　　　　説得正經八百，

　　　　我可不敢想。

　　　　從那以後又過了十年

　　　　今年我六十五

　　　　差不多要走了〔註36〕

翁鬧的文字裡經常有些笑謔滑稽的成分，從〈東京郊外浪人街〉、〈天亮前的愛情故事〉都可以觀察得到。笑謔與自嘲，確實不同於典型普羅文學所營造的悲壯氛圍，也不是以階級衝突的苦澀或憤怒來激起共鳴〔註37〕。不過，笑謔與自嘲也可被視為小人物透過戲耍與僵固的社會模式疏離開來，甚至抗拒社會結構的契機〔註38〕。我認為，〈戇伯〉裡的笑謔，其實表現出的是一種無產者儘管痛楚、孤獨、窘迫、無奈，仍是笑笑也得將日子過下去的一種生命力。這裡的笑謔雖不能説是對社會結構具有顛覆性或反抗性，但當沈重的生活是如此地難以承擔，打油詩中的一邊自嘲一邊與算命師

---

〔註36〕翁鬧，黃毓婷譯，〈戇伯〉，頁142。

〔註37〕例如朱惠足認為，〈戇伯〉「不管是詼諧打趣或詩意的表現，都沖淡了戇伯仔悲苦故事的沉重黯淡氣氛，小説的敘事自身製造出一種距離感，使得讀者無法全然耽溺於對底層百姓的同情情緒當中。」朱惠足，〈「現代」與「原初」之異質交混：翁鬧小説中的現代主義演繹〉，頁24。

〔註38〕Mikhail Bakhtin, Helene Iswolsky trans., *Rabelais and His World* (London: Bloomington, 1965) pp. 197～198.

議價想改變命運的笑謔表現，傳達的正是無產者身處困局也必須在一笑一嘆間試著生存下去的生活態度。也許這才是在歷史現場的讀者們覺得最為平易近人、最為生活化的情動力結構。

從這首打油詩開始，死亡的陰影就貫串了整篇小說。死亡的威脅隨著眼疾越加疼痛而越發如影隨形，戇伯卻一次又一次挺過了死亡關頭。小說中有一段描寫戇伯夢見地震、感覺到死亡來臨之時。在夢裡，月亮墜地、星星游移、天搖地動，腳漂離了地面，好像生命就要與身體分離。

> 戇伯腳踏著的地面搖晃不已，隨即又以令人恐懼的速度急遽下沉。戇伯忍不住用兩手摀著臉，但他的心思十分沉穩，神色有著篤定。同時，不可思議的智慧略過了老伯的腦海。他的腳開始飄離地球的時候，戇伯抓了抓自己的腳。他的生命開始游離，這是最後關頭了！但還不想死！戇伯本能地反抗，死命地想回到地球——就在這極度的痛苦中，戇伯醒了。他想看看四周的景物卻睜不開眼睛，使勁睜眼只覺得疲乏又疼痛，最後在刀割似的刺痛中睜開了眼睛。〔註39〕

憑著「不可思議的智慧」和「本能地反抗」，戇伯仍是活過了算命先生所預言的六十五歲，邁向了六十六歲。在死亡的陰影中沈穩而篤定地爭回自己的生命、在刀割的痛楚中仍使勁睜開眼睛看著眼前的現實，這樣的描寫再一次地突顯出戇伯作為農村勞動者的生命力。儘管研究者很難將這種生存的本能與求生的直覺宣稱為無產階級的主體性、能動性或是反抗精神，但恰恰是這種經驗提醒了我們，勞動者並不能被研究者的論述需要單純化約為被壓迫的客體或反抗的主體，而往往是在兩者之間的模糊地帶掙扎求生。小說最後，戇伯在上山採筍的路上目睹了鄰居倒在路邊的屍體，眼痛了一夜，隔天仍是在天未明時挑起了擔子，往同一條路上走去。〈戇伯〉這篇小說，以眼疾來連繫無產者沒有出口的原慾以及迫近眼前的死亡；描繪勞動者在日復一日的勞動和貧苦所麻痺的鈍感狀態中仍保有敏銳細緻的感情；最後刻劃勞動者處在「困局」中仍不馴的生命力，亦是一篇可圈可點的普羅小說。

## 五、小結

1930 年代的台灣文藝界受到兩股衝擊，一是由蘇聯傳播到日本的普羅文學運動，一是從西歐影響到日本的現代主義藝術思潮。在雙方的影響下，巫

---

〔註39〕翁鬧，黃毓婷譯，〈戇伯〉，頁 164。

永福與翁鬧以現代主義技法，從最受壓迫的女性、孩童、老人與勞動者身上，發掘了最被異化的感覺結構。研究者或為尋找普羅文學的系譜，或基於人道主義的情懷，往往在文學作品中尋找反抗的企圖，期盼無產階有被賦權的可能。然而翁鬧與巫永福的書寫，並不強求無產階級擁有那種統一、自主、知性、陽剛而完整飽滿的抵抗精神。相反地，他們強調儘管在勞動的異化與精神的被剝奪之下。無產階級仍憑著身體本能掙扎求生，而這樣的經驗或許才是最為接近歷史現場的情動力結構。〈愛睏的春杏〉與〈戇伯〉傳達出不同於線性的、具革命願景的特殊時間感，這提醒了讀者無產者的痛苦並不是特殊而例外、等待著超越並克服的非日常存在，而是根植於普遍的日常生活、無論哭或笑都必須日復一日承受的重擔。這兩篇小說描繪的不是因勞苦而扁平化、等待被啟蒙的無產大眾，而是在生活重擔下有血有肉、有情有感的勞動者。綜上所述，筆者將巫永福〈愛睏的春杏〉與翁鬧〈戇伯〉定位為台灣的普羅文學。

## 參考資料

1. 史書美著，紀大偉譯，〈全球的文學，認可的機制〉，《清華學報》34 卷 1 期（2004 年 6 月），頁 5～10。

2. 白春燕，〈論楊逵對 1930 年代日本文藝大眾化論述的吸收與轉化〉，《閱讀楊逵》（台北：秀威資訊，2013），頁 226～248。

3. 朱惠足，〈「現代」與「原初」之異質交混：翁鬧小說的現代主義演繹〉，《台灣文學學報》第 15 期（2009 年 12 月），頁 1～32。

4. 巫永福，〈眠い春杏〉，《巫永福全集》第 11 卷日文小說卷（台北：傳神福音，1995）。

5. 巫永福，謝惠貞譯，〈愛睏的春杏〉《文學臺灣》64 期，（2007 年 10 月），頁 80～91。

6. 哈若圖寧（Harry Harootunian），謝樹寬譯，〈追憶歷史當前時刻〉收於陳春燕、劉紀蕙主編，《歷史的記憶與日常：資本主義與東亞批判研究‧哈若圖寧選集》（新竹市：國立交通大學，2017），頁 92～128。

7. 垂水千惠，〈台灣新文學における日本プロレタリア文學理論の受容：芸術大眾化から社會主義リアリズムへ〉，《橫濱國立大學留學生センター紀要》12 卷（2005 年 3 月），頁 91～110。

8. 垂水千惠，〈談台灣普羅作家楊逵所懷抱的矛盾與糾葛〉，收於吳佩珍編，《中心到邊陲的重軌與分軌（下）》（台北：臺大出版中心，2012），頁 189～209。

9. 柳書琴,〈台灣文學的邊緣戰鬥:跨域左翼文學運動中的旅日作家〉,《台灣文學研究集刊》(台北:國立台灣大學台灣文學研究所,2007),頁52。

10. 翁鬧,〈戇爺さん〉,《臺灣文藝》2卷7號(1935年7月),頁1～22。

11. 翁鬧,黃毓婷譯,〈戇伯〉,《破曉集》(台北:如果出版,2013),頁142～173。

12. 黃毓婷,〈植民地作家翁鬧再考:1930年代帝都東京の光と影〉,東京:東京大學比較文學比較文化專攻博士課程博士論文,2012。

13. 雷蒙・威廉斯(Raymond Williams)著,劉建基譯,《關鍵詞:文化與社會的詞彙》(台北:巨流,2003)

14. 趙勳達,〈反教條主義的旗手──楊逵對台灣普羅文學的反思〉,《閱讀楊逵》(台北:秀威資訊,2013),頁165～174。

15. 趙勳達,〈普羅文學的美學實驗:以巫永福〈昏昏欲睡的春杏〉與藍紅綠〈邁向紳士之道〉為中心〉,收於靜宜大學台灣文學系編,《巫永福文學創作國際學術研討會論文集》(台北:巫永福文化基金會,2012),頁324～358。

16. 謝惠貞,〈日本統治期台灣文化人による新感派の受容橫光利一と楊逵・巫永福・翁鬧・劉吶鷗〉(東京:東京大學大學院人文社会系研究科博士論文,2012)。

17. 謝惠貞,日治時期下台灣的〈純粹小説論〉論爭──兼論楊逵對橫光利一理論的援引,《閱讀楊逵》(台北:秀威資訊,2013),頁99～109。

18. Bert Mittchell Scruggs, *Translingual narration: colonial and postcolonial Taiwanese fiction and film* (Honolulu : University of Hawaii Press, 2015).

19. David Howes, *Sensual Relations: Engaging the Senses in Culture and Social Theory* (MI: University of Michigan Press, 2003)

20. Eva Illouz, *Cold intimacies: the making of emotional capitalism* (Cambridge, U.K. ; Malden, Mass. : Polity Press, 2007).

21. Gilles Deleuze and Félix Guattari, *What is philosophy?*, trans. Hugh Tomlinson and Graham Burchell (New York: Columbia University Press, 1994).

22. Julia Kristeva, "Women's time," *Signs* no, 7 (1981), pp. 13-35.

23. Lauren Berlant, *Cruel Optimism* (Durham, N.C. : Duke University Press, 2011).

24. Mikhail Bakhtin, Helene Iswolsky trans., *Rabelais and His World* (London: Bloomington, 1965)

25. Raymond Williams, *Marxism and Literature* (Oxford: Oxford University press, 1977).